東京外国語大学アジア・アフリカ言語文化研究所
叢書 知られざるアジアの言語文化Ⅲ

スガンリの記憶

― 中国雲南省・ワ族の口頭伝承 ―

山田 敦士 著

東京外国語大学
アジア・アフリカ言語文化研究所

無数の水牛頭が捧げられた聖地

万物創造の主モイックに捧げる踊り（上）
精霊への祈り（左下）・神木の前に佇む男性（右下）

人頭を模した木柱（左上）・供犠柱に寄り添うコブ牛（右上）
村はずれの墓地（下）

村の風景。薪を燃やした香りが漂う。（上）
作業風景。ワの女性は働き者。（下）

放牧帰りに突然の雨。雨季の空は変わりやすい。（上）
陸稲の穂摘み作業。ひと房ずつ丁寧に籠に入れる。（下）

ワの人びと。表情は明るい。

アワ山の雲海。春先は早朝、濃い霧に覆われる。（上）
定期市にて。農産物や日用品が売買される。（下）

宗教儀式に集まった人に豚を焼いて振舞う。（上）
食事までのひととき。話に花が咲く。（下）

「叢書　知られざるアジアの言語文化」刊行にあたって

自己の国家をもたない民族が多数アジアで暮らしています。彼らは、近代領域国家の周縁に置かれており、少数民族と呼ばれています。これまでわれわれは、少数民族の言語・文化に接する機会が少なく、あったとしても、それは往々にして、他の民族のフィルターをとおしてでした。たとえば、和訳された民話や神話などの文献は、ほとんど原語からではなく、英文、仏文や近代国家の標準語からの重訳が多かったことを思い起こせば、この点は容易に理解できるでしょう。

「叢書　知られざるアジアの言語文化」は、少数民族が自身の言語で叙述した歴史と文化に関する口頭伝承や文献を和訳することによって、彼らに対する理解を深め、その思考法に一歩でも近づくためのシリーズです。これによって、より多くの読者が少数民族固有の価値観を熟知するきっかけになればと願っています。

原則として、少数民族の言語から直接和訳することが求められます。少数民族の文字による文献および聞き取りによって採集されたオーラル資料のテキストからの翻訳が主流となりますが、第三者、つまり多数民族の言語と文字を借りて自己表現する場合も無視できません。少数民族はしばしば政治権力を掌握する人々の言語と文字を用いて自己を表現する境遇にあるからです。その場合は、少数民族自身によって語られるか書かれている点、また内容は少数民族の価値観を表している点などが要求されます。

誰しも、表現した内容を相手に理解してもらいたいと望んでいます。相手がそれを理解してくれないことほど悲しいことはありません。多数民族は自己が立てた標準に彼らが達しないことや彼らの思考法が自分たちと異なることを理由に、少数民族を解ろうと努力してこなかった向きがあります。人間の表現は、音で意思を伝達する言葉と符号で意味を伝達する文字に頼っています。言語が異なると意味が通じないのは自明のことわりですが、その言語を習得すれば、言葉の背後に潜む思考法も理解でき、他者の文化的価値観を知る能力が増大することは確かです。

幸い、近年、アジアの少数民族のあいだで長期のフィールドワークをすすめ、多くの困難を克服して彼らの言語と文字を習得した若手研究者が増えています。東京外国語大学アジア・アフリカ言語文化研究所では、そうした若手研究者を共同研究プロジェクトに迎え入れて、所員とともにさまざまなオーラルと文献の資料を和訳し公刊することになりました。少数民族の言語と文化を少しでも多くの日本人に理解していただく一助となればと期待しております。

クリスチャン・ダニエルス（唐　立）

都下府中の研究室にて

2007年10月1日

図表 1. タイ文化圏地図

ワ族の居住地域
中国雲南省からミャンマー、タイにかけての地域、特にメコン川とサルウィン川の分水嶺をなす山脈沿いに分布する。主な集居地は中国雲南省滄源県、西盟県および国境をはさんだミャンマーのシャン州東部である。
ブラフマプトラ河
サディヤ
ディブルガル
シブサガル
ゴラガート
プータオ
カムティー（カンティー）
ミッチーナー
チンドウィン河
イラワジ河
瀾滄江
怒江
大理
保山
騰衝
盈江
南甸
瑞麗
潞西
ナムカム
昆明
景東
把辺江
元江
景谷
普洱
耿馬
滄源
西盟
恩茅
センウィー
ラーシオ
スィーポ
マンダレー
サルウィン河
ムンレム（孟連）
ムンハーイ（勐海）
ツェンフン（景洪）
ムンヤーン
ターロー（打洛）
チェントゥン
マグェー
パーンロン
ロイレム
タウンジー
ヨンホイ
ムンナーイ
ムンパン
カロー
ロイコー
ムアンシン
ムトン
ポンサーリー
ムアンフアイサーイ
パークベン
チェンセーン
チェンラーイ
メーホーンソーン
チェンマイ
ランプーン
ランパーン
ナーン
プレー
メーサリアン
タウングー
バゴー（ペグー）
ヤンゴン（ラングーン）
タトン
パアン
ミャワディー
モーラミャイン（モールメイン）
メーソート
ターク
スコータイ
ピッサヌローク
モゥタマ湾（マルタバン湾）
チャオプラヤー河
アユタヤー
バンコク
サイニャブーリー
ルアンパバーン
ヴィエンチャン
ウドンターニー
ナコンパノム
タケーク
メコン河
ナコンラーチャスィーマー（コラート）
パークセー
プノンペン
ホーチミン
フエ
スィエンクアン
サムヌア
ソンダ河
ライチャウ
ソンラ
ラオカイ
ソンホン河
イエンバイ
カオバン
ランソン
ヴィエトチ
ハノイ
ハイフォン
ホアビン
南寧
トンキン湾
タイ湾（シャム湾）

まえがき

中国雲南省は少数民族の故郷とも称されるほど、多様な民族が居住する地域である。その西南部の険峻な山岳地帯に、ワ族［漢語：佤族］という民族が暮らしている。

ワ族は固有の文字をもたないが、あたかもそれを埋め合わせるかのように、豊かな口頭伝承を発達させてきた。本書は、そのような口頭伝承を和訳し、あわせてワ族の生活文化や歴史動態を紹介しようとするものである。その土台となっているのは、90年代からのフィールドワークによって直接的に収集した言語資料である。生活の場あるいは普段使いのことばから直接得たものという意味で、より当該民族集団側に立った記録となっているのではないかと思う。

ワ族をはじめとするモン・クメール系諸民族は、この西南地方における最古層の住人といわれる。後発のタイ族が山間盆地に流入し、政治的にも文化的にも少なからぬ影響を与えたものの、そこには依然として山地と平地という緩やかな「住み分け」が存在していた。しかし、近年の国民国家形成に伴う漢族の圧倒的な政治的・経済的優位性の確立によって、ワ族を取り巻く状況は大きく変容している。漢文化という大波にもまれ、高度差という住み分け条件が急速に失われつつある今日、伝統的な生活文化、社会、価値観に関する広範な一次資料収集が緊急の課題となっている。ワ族は古くから「タイ文化圏」の中心に居住し、当地域の歴史動態の少なからぬ部分を担ってきた重要な存在である。このような観点からのワ族研究はまだ端についたばかりであり、本書がその導入となれば幸いである。

本書は大きく４部から構成される。

第１部（概説：ワの人びと）は、本書の題材となるワ族に対する概説である。ワ族はその人口規模や分布、長い歴史のわりに、正確なところが知られていない。ここでは本書を読み進めるために必要となる背景知識について解説する。

第２部（ことばを訪ねて）では、自身のフィールドワークを振り返るかたちで、採録された口頭伝承の収集背景について述べる。

第３部（ワ族の民話と伝説）は、本書の中心となる口頭伝承の和訳部分である。それぞれの物語は原義をこわさない程度に意訳し、特に説明が必要と思われる部分については、欄外に解説を付すことにした。

第４部（ワ族を知るための21章）は、ワ族の歴史や生活、文化に関するコラムである。それぞれのコラムの内容は著者自身が調査の内外で見聞きした情報をふくらませたものである。口頭伝承とあわせて読んでいただくことで、ワ族の生活文化や歴史、精神性や価値観などを理解する一助となるのではないかと思う。

本書は、私が共同研究員として参加する東京外国語大学アジア・アフリカ言語文化研究所共同研究プロジェクト「タイ文化圏における山地民の歴史的研究」（主査：クリスチャン・ダニエルス）の成果の一部である。末筆ながら記して感謝の意を表したい。

著者

目　次

図表

本書をお読みになるにあたって

本書では、ワ語（断わりのない限りパラウク・ワ語）や漢語（標準中国語）、タイ系言語（断わりのない限りタイヌー語；徳宏タイ語）といった複数の言語が登場する。表記の煩雑さを避けるため、なるべく日本語で直接読めるようなかたちでの翻訳や転写をおこなうことにした。原語の形式については、必要に応じて、［　　］で示すことにする。

ワ語の場合

アイ（人名）［佤：ʔai］、刀［佤：vac］

（音韻表記については【☞ことばと文字】）

中国語の場合

滄源ワ族自治県［漢：沧源佤族自治县］

また、他文献からの引用情報と本書内での参照先をそれぞれ以下のように示すことにした。書誌情報については巻末の文献リストを参照されたい。

【　　】：引用した文献

【☞　】：本書内の該当箇所を参照

概説：ワの人びと

貫頭衣を着た女性（孟連県海東村）

漢族の描いたワ族

ワ族とワ系民族

東南アジアや中国西南部に興味をもつ人であれば、「ワ族」や「ワ」という呼称を耳にする機会もあるに違いない。しかし多くの場合、麻薬や反政府あるいは首狩りといった暗いイメージの先行する、ややネガティブな存在として語られていたのではないだろうか。

今日の日本において、ワの人びとに関する十分な情報を得ることは容易ではない。改訂されたばかりの『東南アジアを知る事典』(平凡社、2008)においては、ワに関する項目自体が存在しない。また、民族事情についての百科事典である『世界民族問題事典』(平凡社、2002)や『中国少数民族事典』(東京堂出版、2001)、『世界民族事典』(弘文堂、2000年)でさえ、ごく簡単な紹介にとどまっている。このように、ワの人びとはその長い歴史や政治的な注目度にもかかわらず、基本的な情報すら不足しているというのが現状である。

本書はワ族の言語文化を紹介するところに主眼がある。しかし、まずは「ワ」や「ワ族」といった概念について確認しておく必要があるだろう。

■ ワ族

「ワ族」とは、もっとも一般的には、中国国内において公式に認められ

記念切手になったワ族

ている56民族の1つを指す。中華人民共和国の成立後、1950年から60年代にかけて、全国規模で民族識別調査［漢：民族识别工作］が実施され、人びとの民族的な帰属が判定されていった。ワ族は1954年に、まずカワ族［漢：佧佤族］としての認定を受けた。このカワ族という呼称は、漢族が入る以前の支配者層であったタイ族［漢：傣族］から臣下の意味を表わす「カー」を冠されていたことに由来する。その後、タイ族との君臣関係が廃止され、「カー」を蔑称とみなす意識の高まりを受けるかたちで、1962年に現在のワ族［漢：佤族］に改称された。2000年の統計によると、国内のワ族人口は396,610人である【国家统计局人口和社会科技统计局编 2003：3】。これは中国国内において中程度の規模（全体の26番目）の民族ということになる。

ワ族は、雲南省西部を流れるメコン川［漢：澜沧江］の西側に広がる山岳地帯（通称アワ山［漢：阿佤山］）に暮らしている。アワ山（旧称：カワ山）という俗称は漢族による命名であり、文字通り「少数民族ワ族の暮らす山々」として通用している。今日、アワ山の住人はワ、タイ、ラフ［漢：拉祜］、漢などの諸民族であり、これらの諸民族集団は異なる時期に当地へ進出してきた。このうち、ワ族がもっとも早い時期に住み着いたと推定されている。幾重にも山や谷が折り重なる険峻な地勢であるために、時の中国王朝は直接的な支配をおこなうことができず、タイ族の土司（王朝から統治を委任された少数民族の首長）をとおしての間接的統治をおこ

図表 2. ワ系民族の人口

	ワ	プラン	ドゥアン
中国（2000 年）	396,610（佤族）	91,882（布朗族）	17,935（德昂族）
ラオス（2000 年）	—	2,213（Samtao）	—
タイ（2004 年）	105（Parauk） 17,346（Lawa）	1,200（Blang） 100（Samtao）	1,937（Palaung）
ミャンマー（1950 年代以前）	250,000* 324,533**	不詳	不詳

中国：国家统计局人口和社会科技统计局编（2003:3）
ラオス：園江（2006:188-191）
タイ：Schliesinger（2000:2-3）
ミャンマー：*Sai Kham Mong（1996）、**Embree ほか（1950:54）

なってきた。

一方、民族認定という施策がとられているかといった問題はさておき、中国と国境を隔てたミャンマーのシャン州、さらにはタイ王国北部にも中国のワ族と明らかなつながりをもつ人びとが数多く暮らしている。中国とミャンマーにまたがるワ族居住地に国境が画定されたのは 1961 年のことであり【云南省沧源佤族自治县地方志编纂委员会编 1998：659】、それ以前は村落単位での移住も頻繁におこなわれていた。ミャンマーにおけるワの人口について、参考までに Sai Kham Mong（1996：209）の 25 万人という推計（1959 年時点）などを挙げておく。ただし、これはシャン州の第二特区である通称ワ州[漢:佤邦]内の地域人口である可能性も否定できない。

タイ王国北部に居住するワの人びとは包括的にルア（Lua）と称されることがある。ルアという呼称は系統関係を問わず、やや曖昧性をもって山地民に適用されるものであり【Schliesinger 2000:101,111,116,121,184】、厳密には上記のワ族という分類と同質とみることはできない。このルアと呼ばれる人びと（22,260 人：Technical Service Club 2004）を詳しくみると、ワ族に直接関係すると考えられる集団が二つ含まれている。一つは、パラウク、パガウクやスィアムなど中国雲南省やミャンマーのワ族と同じ支系に属する集団である。これらの多くは 1970 年代以降の移民であると考えられ、主にミャンマーとの国境近くに独立村、あるいは他民族との混合村というかたちで分布している。これは今日まで続く比較的新しい動態であ

歓談するプラン族の女性（西双版納州にて）

ドゥアン族の女性（徳宏州にて）

るために、人口など正確なことは不明である。もう一つは、北部のチェンマイ県、メーホーンソーン県、チェンラーイ県などに古くから居住するラワ（Lawa）という集団である。ラワという呼称は元々、ワの人びとに対するビルマ族（後にタイ系民族も）からの他称であったとされ【Scott ほか 1900：493】、広い意味でこれをワ族の範疇に含めることもある。ラワの人口について、1995 年の時点で 17,346 人である【Schliesinger 2000：3】。

■ ワ系民族

ワ族と親縁関係をもつ民族に、プラン族［漢:布朗族］とドゥアン族［漢:徳昂族］がある。プラン族は雲南省南部の西双版納州を中心に 91,882 人【国家统计局人口和社会科技统计局编 2003：3】が居住し、その分布はラオスやミャンマー、タイなどにも及んでいる。ドゥアン族は雲南省西部の徳宏州を中心に 17,935 人【国家统计局人口和社会科技统计局编 2003：3】が居住し、ミャンマーやタイにも分布が広がっている。なお、ドゥアン族はミャンマーではパラウン族と呼ばれている。本書では、ワ、プラン、ドゥアンという 3 つの公定民族を含め、中国の内外に居住する言語的親縁性を示す一群を「ワ系民族」と総称することにする。

図表 3. ワ系民族の分布（略図）

* 中国国内の分布は自身の調査による。
** 中国国外の分布についてはMoseleyほか（1994）などを参照

ワ族に関わる様々な分類概念

中国で民族認定がおこなわれた際、「名従主人」［漢：名从主人］という原則が適用されたという【黄ほか 2005：104】。「民族称は当人の自称によって決定される」というのがその大意であるが、ワ族という認定にこれがどう適用されたのかとふと疑問に思うことがある。あまり知られていないことであるが、ワ族と称される人びとのうち、「ワ」やそれに近い音形（ヴァやヴォなど）を自称する集団は少数派である。数の上ではパラウクやパガウクという「ワ」とは似ても似つかぬ自称をもつ集団が圧倒的であり、さらにタイロイやラー、モンホムなどと自称する集団も少なからず存在する。このような自称の状況をみる限り、当人の側に「ワ」という名称の枠組みが備わっていたとは考られない。これら異なる自称集団が「ワ」と称される単一民族に統合されるにあたり、周辺民族からの他者認識が影響したことは間違いない。

ワ族はマイノリティとしてタイ系民族、漢族、イギリス人という為政

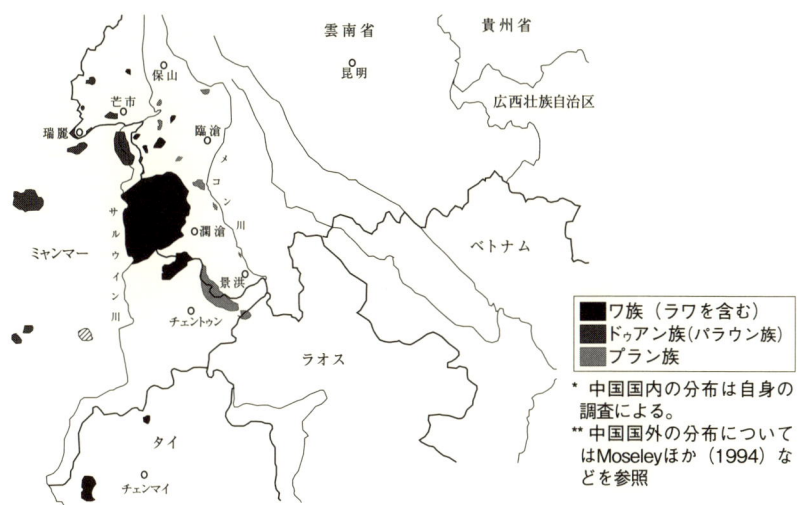

孟連宣撫土司署。十三世紀よりおよそ五〇〇年間、タイ族土司による統治がおこなわれた。

者と直接的・間接的に関わった歴史をもつ。これら為政者側にどのように認識されてきたかは、当地の歴史動態を知る上でも重要な問題である。そこで本章では、「ワ」という枠組み形成に関与した可能性のあるこれら為政者からの分類概念を概略する。なお、この3者の分類は王朝や政庁への貢献度という指標を含む点で似通っており、分類概念自体の貸し借りがあった可能性も否定できない。このように「ワ」という民族集団の成り立ちについては不明な点も多く、議論の余地が残されている。

■ La ／ Wa ／ Tailoi：タイ系民族からみたワの分類

タイ系民族は、ワ族の隣人として、また直接の為政者としてもっとも長くワ族と関わりをもってきた民族集団である。今日の中国領内においてワ族と接しているタイヌーという集団（徳宏タイ族とも呼ばれる）は、ワ族にカーラー／ワーという区分を設けている【ダニエルス私信】。ミャンマーにおいてワ族を取り囲むように分布するシャン族もやはりカーラー／ワーハーイという区別をおこなっている【Scott ほか 1900：493-494】。カーとは「臣下」の意味であり、ハーイとは「野蛮な」の意味である。これらの呼称から、臣下としての集団（La）とそのほかの化外の集団（Wa）という分類が存在したことがうかがえる。

一方、19 世紀後半に雲南省西部地方を踏査した Davies は、タイ系民族によって今日のワ族に相当する人びとがワー、ラー、タイロイに分類され

『滇省迤西迤南夷人図説』に描かれたワ族。奥に供犠された人頭がみえる。

ていたことを記録している【デーヴィス 1989：451-453】。Davies は、その分類の指標を文明の段階であるととらえ、ワーを「首狩り族や現在でも大変文化が遅れていたり、非友好的な」集団、ラーを「仏教徒ではないが文化も開け、友好的な」集団、タイロイを「山中に住んでいるが、仏教に帰依した」集団であるとした。タイロイとはタイ系言語で「山住みのタイ族」の意味、すなわちタイ族の一部という認識である。上記の分類と重ね合わせると、タイ族は今日のワ族に相当する人びとを、臣下の集団（La）、化外の集団（Wa）、自民族の一部（Tailoi）と認識していたことになる。

■ 熟佤／生佤：漢族からみたワの分類

つとに指摘されることであるが、中国においては自己の文化を「華」、異民族の文化を「夷」とみなす考え方が存在する。「華夷思想」とも呼ばれるこの考え方の根底にあるのは、王朝に対する服従という視点である。これは西南中国の非漢系民族に対しても、統治の及んでいる「熟」グループと統治の及んでいない「生」グループに分類するというかたちで顕在化している。

歴代の漢族王朝は、在来のタイ族を地方官（土司）に任ずるかたちでワ族を間接統治しようと試みてきた。その過程で、王朝に納税する「熟」グループと化外の地に居住する制御しがたい「生」グループという分類がなされた形跡がある。例えば、清の乾隆年間に記された『雲南通志』【顎

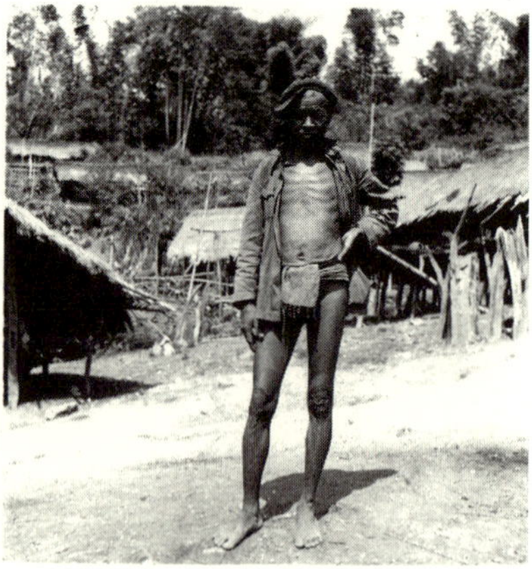

Wild Wa地域の男性（おそらく一九五〇年代に撮影）

爾泰ほか1736】では、ワ族に対する当時の呼称の一つカワ［漢：卡瓦］に漢族との間に往来がある「熟ワ」と強奪をおこなう「生ワ」の2グループを認めている。

■ Tame Wa ／ Wild Wa：イギリス人からみたワの分類

19世紀末にミャンマー（当時ビルマ）を植民地化したイギリス政府は、サルウィン川の東側に暮らすワ族に対し、TameとWildという区別をおこなった。その分類基準については、首狩りの習俗【☞首狩り】の保持や仏教徒か否かという点で解釈されることが多い【Scott 1896：139】。しかし必ずしもそのような文化的側面ばかりでなく、イギリス政庁に対する朝貢の有無という社会的要因もあったようである。Enriquez（1933：36）によると、イギリス政庁に朝貢するTame Waの分布地は、Maing Lun東部およびチェントゥン盆地の北部に限られたという。Sai Kham Mong（1996：209）もManglun（Maing Lunに相当すると思われる）がイギリス政庁に対する唯一の朝貢国であり、Manglunの為政者はイギリス政庁に唯一公認された藩侯（ソーボワ）であったと指摘している。一方、Wild Waと呼ばれた、イギリス政庁の統治外にある人びとは、ラシオより東側、中国とミャンマーの国境画定されていない地域に分布するとされる【Enriquez 1933：36】。

図表 4. 呼称の変遷

<table>
<tr><td rowspan="2"></td><td colspan="4">史料上の名称</td><td rowspan="2">現在</td></tr>
<tr><td>4 世紀
『華陽国志』</td><td>9 世紀
『蛮書』</td><td>14 世紀
『百夷伝』</td><td>16 世紀
『西南夷風土記』</td></tr>
<tr><td rowspan="3">ワ系民族</td><td rowspan="3">濮</td><td rowspan="3">望蛮
望苴子蛮
望蛮外喩
朴子蛮</td><td>古剌
哈剌
哈杜</td><td>古剌
哈剌</td><td>ワ族</td></tr>
<tr><td rowspan="2">蒲蛮
蒲人</td><td rowspan="2">蒲人</td><td>プラン族</td></tr>
<tr><td>ドゥアン族</td></tr>
</table>

ワ系民族の歴史

ワ系民族は固有の文字をもたないため、自らの歴史を文書として残していない。そこで、他民族の残した史料をもとに、ワ系民族の歴史をたどってみることにしよう。

■ 漢籍史料にたどる歴史

中国の民族学において、ワ族とプラン族、ドゥアン族というワ系民族は中国雲南省西南部における先住民族と推定されている。晋代の史料『華陽国志』（東晋の常璩《じょうきょ》の撰、4 世紀中頃に成立）には、湖南省から雲南省永昌郡（現在の保山市から徳宏州にかかる地域）に「閩濮《ビンボク》」「鳩僚《キュウリョウ》」などの部族が分布したとの記録がある。このうちの「濮」という部族、および唐代の雲南地方誌『蛮書』（樊綽《はんしゃく》の撰、860 年頃に成立）で「望蛮《ボウバン》」などとして言及される部族の後裔がワ系民族とみられている【《佤族简志》编写组 1985:23-25】。明代の史料『百夷伝』（1396 年に成立）、『西南夷風土記』（1583-84 年に成立）では、ワ系民族が「古剌《クラ》」「哈剌《ハラ》」「哈杜《ハド》」と「蒲蛮《プマン》」「蒲人」という 2 つのグループとして区別されるようになる。このうち、前者がワ族のこと、後者がプラン族とドゥアン族のことを指すものと推定されている【ダニエルス 1998：156】。

『雲南通志』（道光年間）に描かれた哈刺

ワ系民族のうち、プラン族とドゥアン族をワ族から切り離して考える最大の要因の１つは、タイ系民族との関係にある。タイ系民族は、1253年のモンゴル軍の攻撃による大理国の崩壊を機に、周辺地域への移動を加速させた。そして、タイ系民族のうち、タイマーオやマーオシャン、タイロンなどと呼ばれる集団（今日のタイヌー；徳宏タイ族の祖先）は、13世紀後半にサルウィン川の西方に盆地連合王国ムン・マーオを建てた【桃木ほか 2008：453】。一方、タイルー（今日の西双版納タイ族の祖先）と呼ばれる集団は、13世紀より前に雲南省南部のメコン川沿いにやはり盆地連合王国シプソンパンナーを建てている【桃木ほか 2008：184】。これまでの研究事例から判断すると、ドゥアン族とプラン族とはそれぞれのタイ系の集団に依存する度合いの高い人びとということができる。タイ系民族の地理的分岐と同時とまでは言い切れないものの、13世紀のタイ系民族の伸張に直接的･間接的な影響を受け､ドゥアンとプランへの分岐が徐々に明確になっていったものと想像される。

■ 漢籍史料以前の歴史

漢籍史料に示された上記の動態は、実はワ系民族の歴史のなかで新しいほうの部類に入るものである。中国の学界には、東南アジア大陸に広く分布するワ系民族のすべてが､このタイ系民族の伸張と関係するかたちで､中国から順次南下していったとみなす向きがある。しかし、ワ系民族がす

糸縒りの作業（おそらく一九五〇年代に撮影）

べて現在の中国領内に故地をもつとする確証は得られておらず、むしろそれよりかなり前の段階から、ワ系民族の一部がチェントゥン盆地やチェンマイ盆地に居住していた形跡がある。

ダニエルス（1998：166）によると、『チェンマイ年代記』には、13世紀末から1939年まで存続したタイ族のラーンナー王国のマンラーイ朝（ビルマによる征服以前）を樹立したマンラーイ王について、7世紀に創設されたラワチャンカラートというラワ族の王朝の25代目の国王であったとの記載があるという。年代記の記述が史実かどうかはさらなる考証が必要であろうが、少なくともそのような歴史認識がはたらいていたことは確かである。つまり、13世紀のタイ系民族の伸張とは無関係な古い時代から、ワ系民族が当地に広く居住していた可能性が高い。

図表5. モン・クメール語族の系統分類

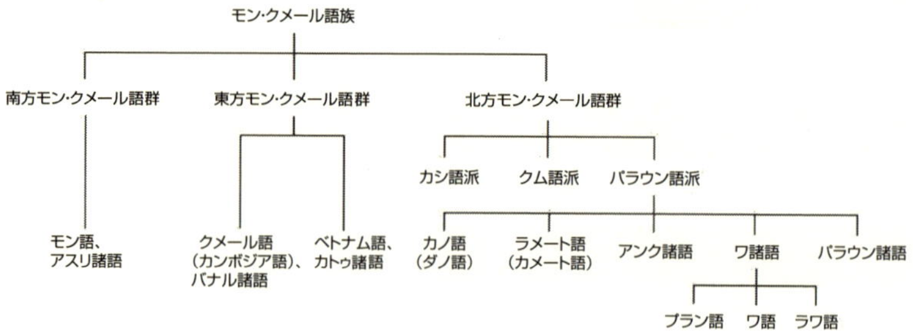

言語からみたワ族

民族の分類と言語の分類は、必ずしも一対一の対応をしない。このことはもはや常識の一部となりつつある。今日、中国の学界においても、民族という政治的枠組みと一線を画すかたちで、言語を再分類しようという動きが広がりつつある。以下、自身の調査結果などをもとに、言語学的観点からワ族を再考してみよう。

■ 言語の系統

言語系統論の観点からは、ワ族の言語(一般にワ語と呼ばれる)は、モン・クメール語族に属するとされる。モン・クメール語族とは、カンボジア語(クメール語)やベトナム語などの大言語から、記録さえも乏しい少数言語まで数多くの言語を含む一大言語群である。その分布は東西をベトナムとインドのアッサム地方、南北をマレーシアと中国雲南省とし、ほぼ東南アジア大陸部全域に広がりをもっている。カンボジア語とベトナム語、あるいはワ語も含めて、諸言語はまったく通じ合わないほどに異なっている。今日のモン・クメール語族に属する諸言語の多様性は、その長い離散の歴史を物語っているといえよう。

モン・クメール語族の系統分類については諸説があり、まだ定説と

図表6．ワ語の支系

Ⅰ群

・アヴゥ、ヴォ、ルヴィア

Ⅱ群

・パラウク、パガウク

Ⅲ群

・ヴァ、タイロイ、ラー、モンホム
・スィアム、ヴァ（エン）、アルヴァ（ラー、カラー）

なっているものはない。図表5に示したのは細部を省略した概念図であることに注意されたい。ワ語はドゥアン族（ミャンマーではパラウン族）の言語（ドゥアン語、パラウン語）、プラン族の言語（プラン語）、タイ王国のラワの言語（ラワ語）などとともに、パラウン語派［漢：佤德昂语支「ワ・ドゥアン語派」、古くは佤崩龙语支「ワ・パラウン語派」］を構成する。

実はワ語自体、決してモノラルな言語ではない。その内部には、多数の言語変異体が含まれており、当人の言葉を借りれば「山ごとに言語が違う」という状況である。私のこれまでの調査では、自称集団とほぼ一致する様々な支系（アヴゥ、ヴォ、ルヴィア、パラウク、パガウク、ヴァ、タイロイ、ラー、モンホムなど）が確認されている。また、新谷（2008：73-79）は、ミャンマーやタイに、スィアム、ヴァ（エン）、アルヴァ（ラー、カラー）といった支系が存在することを報告している。その言語的特徴から、ワ語に3つの下位群を設定しておく（図表6）。

なお、これらの変異体を「方言」と呼ぶか「言語」と呼ぶかは、もはや好みの問題である。本書ではそれぞれを「パラウク・ワ語」や「モンホム・ワ語」などと呼ぶことにする。

■ 言語と民族

図表7は、自身の収集した語彙データをもとに、ワ語のⅠ群からⅢ群およびワ系言語であるプラン語、ドゥアン語（ホマイ・ドゥアン語）との

図表 7. ワ系言語の同源語率（%）

	Ⅱ群	Ⅲ群	プラン	ドゥアン
Ⅰ群：アヴゥ・ワ語	82	74.1	56.9	44.1
Ⅱ群：パラウク・ワ語		79.3	61.1	47.4
Ⅲ群：モンホム・ワ語			58.6	46.2
プラン語				40.9

親疎関係を示したものである。同源語率とは語源的関係が認められる語（語形が完全に一致するもの＋音韻対応が認められるもの）の占める割合である。その割合が高いほど当該言語間の関係が近いとみることができる。なお、比較する語彙（425 語）の選定に際しては、基礎語彙調査に用いられることの多い『アジア・アフリカ言語調査票　下』（東京外国語大学アジア・アフリカ言語文化研究所、1979）を参照した。

同源語率による親疎関係をみると、Ⅰ群：アヴゥ・ワ語（西盟地域のワ族）を中心に、Ⅱ群：パラウク・ワ語（滄源地域のワ族）、Ⅲ群：モンホム・ワ語（永徳－鎮康地域のワ族）、プラン語（プラン族）、ドゥアン語（ドゥアン族）の順で徐々に疎遠になっていく様子がみてとれる。「民族」という政治的な枠組みを取り払い、純粋に言語という観点からみると、ワ系民族内部の連続的な関係がよくわかる。

また近年、フィールドワークの進展によって、ほかの民族に帰属するとされる人びとの中にもワ語を話す集団があることがわかってきた。例えば、西双版納州西北部の関双村一帯に居住するプラン族の言語は、語彙および文法特徴から、プラン語というよりもむしろワ語に属するものとされる【周ほか 2004：11-13】。また、耿馬県西部のタイ族の中に、明らかにワ語を話す集団（自称タイロイ）があることを確認している。今後も、特に大民族であるタイ族や漢族と認定されている集団の一部に、ワ系民族の言語を話す人びとがみつかる可能性がある。

図表 8. 比較語彙表

	アヴゥ・ワ語	パラウク・ワ語	モンホム・ワ語	プラン語	ホマイ・ドゥアン語
魚	kaʔ	kaʔ	kaʔ	$kaʔ^{35}$	ka^{51}
塩	khiɯh	kih	khih	$khilh^{33}$	$seʔ^{55}$
恥しい	khik	kaik	khaik	$ʔam^{35}$	sai^{51}

（下線は喉の緊張／弛緩による対立、数字は声調の調値を表す）

一方、逆のパターン、すなわちワ系民族が他言語を話すという状況も広くみられる。例えば、保山地区施甸県などに居住するワ族はプラン語を話すといわれ【周ほか 2004：8-10】、民族認定と言語分類が明らかに一致していない。また、当地における威信言語である漢語やタイ系言語への母語転換も広く観察される。ワ系言語のすべてが消滅の危機にあるということではないものの、漢語やタイ系言語との二言語、三言語併用という状況はかなり普遍的にみられる現象である。

図表9. ワ語の分布

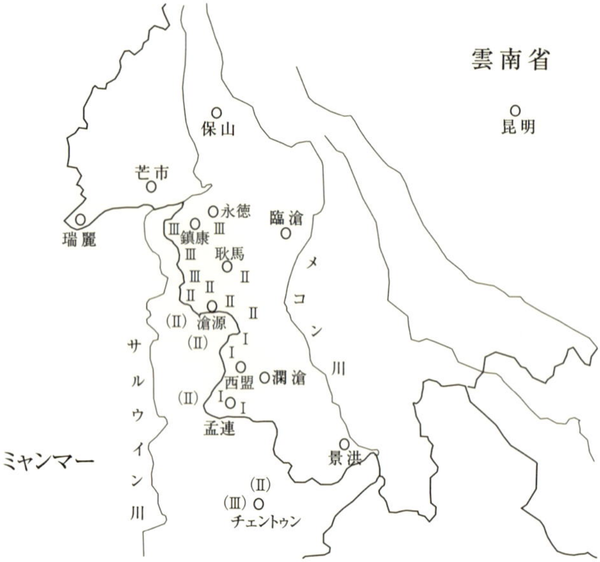

むすび—ワ族の動態

図表9にワ語の分布を示す。言語的にみた3つのグループは、Ⅰ群を中心にその外側にⅡ群、さらにその外側をⅢ群が取り囲むというように分布していることが見て取れる。これを中国の行政単位と重ね合わせ、ワ族自体の下位グループとして考えておくと便利である。参考までに、図表10に主な行政区画におけるワ族人口のデータを挙げておく。

Ⅰ群：西盟地域（西盟県、孟連県、瀾滄県の一部）

アワ山の核心部であり、アヴゥ、ヴォ、ルヴィアなどを自称とする集団が居住する。険峻な地形を嫌ってか、タイ族や漢族の姿は少ない。そのため、言語文化的に保守的な要素を多く残す。

Ⅱ群：滄源地域（滄源県、双江県、耿馬県、瀾滄県の一部）

ワ族（パラウク、パガウクが中心）の人口がもっとも多く、後のローマ字式転写法【☞ことばと文字】作成の基準となったパラ

図表10. 主な行政区画とワ族人口（1982年）

	Ⅰ群			Ⅱ群		Ⅲ群		
県名	孟連	西盟	瀾滄	双江	滄源	耿馬	鎮康	永徳
ワ族人口（人）	22,302	46,589	44,888	10,007	104,766	31,123	6,481	17,257
県総人口に対する割合（%）	27.48	71.91	11.43	7.93	84.35	17.02	5.41	6.53

（中国社会科学院民族研究所、国家民族事務委員会文化宣伝司 1994:935-936 をもとに作成）

ウク・ワ語の分布する地域である。歴史的にタイ族との接触が頻繁であったため、言語文化にタイ的な要素が垣間みえる。今日、平地部へのタイ族や漢族の入植も少なくない。

Ⅲ群：永徳－鎮康地域（永徳県、鎮康県、臨滄県、雲県、鳳慶県など）

アワ山の周縁部に位置し、他民族との接触がもっとも早く、長期間にわたった地域である。当地域のワ族（ヴァ、タイロイ、ラーが中心）は、その先住性を表わすかのように、当地では「本人」あるいは「本族」の名で通称されている。ほかの2地域に比べ、漢族の人口比率が高く、漢文化の影響が色濃く感じられる地域である。

ここで興味深いのは、ⅠからⅢの各グループ間に他者認識の階層が存在することである。先に、為政者（漢族やタイ族）から野蛮か否かという観点で分類されていることを紹介したが、ワ族の内部においても同様のレッテルの貼り合いをすることがある。これはランク付けというような体系的なものではなく、「あいつらは俺たちよりも……」というかたちで自他を相対化していくというものである。周囲と交渉をもとうとしない人びとに対しては、往々にして、「何をしているかわからない『野蛮な奴ら』」のレッテルが貼られる。その最たるものが「首狩り」という習俗であろう【☞首狩り】。Ⅲ群のモンホムは、Ⅰ群とⅡ群を区別せず、一律に首狩りをす

五日に一度の定期市の風景（滄源県）。ミャンマー側のワ族もやってくる。

る集団であるとみなしている。Ⅱ群のパラウクは、Ⅰ群を首狩りをする別集団とみなす一方、Ⅲ群のラーなどを明らかに自らと同じ集団とみなしている。

このような重層的な自他認識の関係は、漢文化やタイ文化への接近というワ族の歴史動態が顕在化したものとみることができる。あるいは、漢化やタイ化を、他集団と区別化する指標として採用したともいえるだろう。結局のところ、集団の帰属意識というのは、このような自・他の相対化の結晶であるように思われる。先にプラン族やドゥアン族がタイ系民族に接近し、ワ族の本体から離れたという歴史動態を述べた。同じような動態がワ族内部においてもおこっているとみることができるかもしれない。

歩きながら糸縒りをする女性

ことばを訪ねて

滄源ワ族自治県の盆地部

ことばを調査する

「……また臨時乗車である。検問を過ぎてから、客を乗せたり降ろしたりを何度繰り返したことだろうか。19人乗りと書いてあるバスはすし詰め状態。通路や乗降口にも人が立ち、やむなく窓や運転席から乗り降りしている。バスは屋根に大荷物をのせているせいか、どうもバランスが悪い。未舗装の山道をエンジンブレーキなしで突っ走る運転に、何度胆を冷やされたことだろう。ふと車内に視線を戻すと、いつの間にか横倒しにされたバックパックの上に、少数民族のおばさんが座り込んでいる。おばさんは小柄だが、鶏籠と野菜を抱えていて、録音機材を押し潰すくらいの重みはありそうだ。困ったことに、さっきから鶏が青菜を啄んではおばさんを怒らせている。鶏は学習しないのか、また懲りずに籠から頭を出している。どうか過剰反応の末に録音機材を破壊ということだけにはなりませんように……。」

これは1998年に初めてワ族のもとを訪れた日の記録である。10年ぶりに紐解いた日記には懐かしい光景が広がっていた。調査地のあるアワ山の山麓までは、省都昆明市よりおよそ800kmの道のり。寝台バスと小型バスを乗り継いで片道30時間ほどの行程であった。

公道上にある国境の標識（ミャンマー側から撮影）

■ 出会い

1998年当時、私は日本の大学で言語学を専攻していた。卒業研究で大言語ではなく小言語に取り組もうと考えていた私は、何となく書棚に並んでいた『雲南―インドと揚子江流域の環―』（デーヴィス 1989）を手に取った。これはイギリス軍の少佐であったDavies一行がミャンマー（当時のビルマ）のカチン州から雲南省西部地方を旅行した際の記録（*YÜN-NAN, the link between India and the Yangtze*）を邦訳したものである。

Daviesの旅行の目的は鉄道敷設のための調査にあった。しかし、旅の先々で出会った様々な民族集団に対する言語記録や民族誌を残しており、今日読んでも大変に興味深いものである。記録には様々な民族集団が登場し、耳慣れない多くの地名も相まって、どれが何だったかにわかには思い出せないほどであった。しかし、どういうわけかDaviesが「非友好的」「不快な人びと」と評したワ族だけは強く印象に残った。それから半年後、雲南省への留学を決めた際に、怖いもの見たさ半分で真っ先にワ族の村へ行ってみようと考えたのは、この時の印象があったからに違いない。

■ アワ山での第一歩

雨季が過ぎ、山の道も落ち着きを取り戻した11月のある日、私はバスを一昼夜乗り継いでワ族の集居地である滄源ワ族自治県にやってきた。ワ族の自治県とはいえ、県庁自体はタイ族や漢族が暮らす山間盆地にある。

政府系招待所の外観（滄源県班老村）

ワ族の多くはこの町の四方、山の尾根筋に村を構えている。街からミャンマー国境まで山道を行けば3時間程度という距離であり、村落が国境線の手前というケースも少なくない。名目上はすべて開放されている地域であるが、そこは国境という場所柄、なかなか難しい問題がある。自治県に到着して2日目、まだ右も左もわからずに国境近辺をうろついていた私は、どこからか通報を受けた国境警備隊に連行されてしまった。無断で越境したという問題もさることながら、麻薬の買い付けを疑われてしまったらしい。【☞芥子、アヘン】その翌日の晩、日付も変わろうとする頃、カギを掛けていたはずの招待所の部屋のドアが突然開かれた。何事かと飛び起きると、目の前には深緑色の制服が3人。今度は招待所の名簿を調べた現地公安局が、寝込みを狙って検問にやってきた。

万事が万事このような状況なので、まずは身辺の信用を得ることから始めなければならなかった。酒とタバコを手に挨拶回りをし、宴会で「北国の春」を歌い（中国語訳され、よく知られている）、近所の食堂に通い詰め、招待所のトイレ掃除を手伝いながら、ようやくこちらの趣旨が伝わった頃にはほぼ半月が経過していた。

■ ある日の調査風景

未知の言語の調査は、通常、基礎語彙と呼ばれる使用頻度の高い語彙を集めることから始まる。媒介言語（私の場合は中国語）と対照しながら、

市場脇にできる朝食の屋台（滄源県班洪村）

「『頭』は何ていうの？」「目の上のこの毛は？」といったかたちで、1000から2000程度の語彙を集めていく。口でいうのは容易いが、これは思いのほか難儀な作業である。

最初こそ物珍しそうに付き合ってくれた協力者であるが、70項目あたりであくびをし始めた。会話の途中であくびをされると気持ちが萎えそうになるが、気を取り直して続けていく。すると、100項目を過ぎたあたりで「それは、さっきも言ったじゃないか！」とイライラが口をついて出てきた。その気持ちわからなくもない。こちらは正確を期すために2度3度と同じ単語を繰り返し発音させるからである。また、文法的な特徴をみるために、「一つの〜、一対の〜」や「私の〜、小さな〜」といったフレーズを作らせたりもする。言語学者にとっては魚を「一匹」と数えるか「一枚」と数えるか、また「小魚」なのか「小さな魚」なのかは大問題なのである。しかしそんな意気込みもむなしく、3時間を過ぎたころ、とうとう「まだあるのか？」と切り出されてしまった。私は他人の反応を気にするタイプなので、「今日はもう終わりです」とその場を辞することにした。翌日、おそるおそる再訪すると、言動の端々に「またか」という雰囲気がありありと感じられる。しばらく別室に行っていたかと思うと、酒ビンとコップ2つを手に戻ってきた。こちらも「またか」である。50度を超す強いアルコールは私の身心を深く傷つけた。

山への足。後部の乗合いをトラクターが牽引する。

■ 山での調査

ある程度の語彙を収集したら、今度は日常会話や口頭伝承など自然発話テキストを収集することになる。しかし、すっかり漢語生活を営んでいる町のワ族のところで自然発話を期待するのは、不可能ではないにしろ、非常に困難なことである。そこで、どうしても日常的にワ語が飛び交う世界に行かねばと思うようになった。そんな時、馴染みとなった食堂の主人からトラクターに声を掛けてもらい、偶然にも山の村へ行く道が開けた。5日に一度開かれる市の日には、町と山をトラクターが行き来する。これに便乗することで、近い村であればその日のうちに、遠い村でも次の市の日には帰ってくることが可能になる。

山地部にはワの生活文化がまだ根強く残っていた。牛を追う子供の姿があり、軒先で穀物を入れた箕を振る婦女の姿がある。数日の滞在を願い出るため、村長にあいさつに行けば、鶏が屠殺され、鶏骨占いがおこなわれる。私の入村自体が「吉兆でない」とされたこともあったが、そんなアクシデントもまた面白い。炉の火影に集い、町では聞くことのないよもやま話を聞く夜には、格別の趣がある。

新年の祈りを占う。手には供儀するための鶏。右が著者（滄源県賀孟村にて）

採録の口頭伝承について

本書で和訳する口頭伝承は、次の2つの方法で収集したものである。

一つは、90年代からの中国雲南省でのフィールドワークによって直接的に収集した口頭伝承である。今日、村の「正史」（移住や村建ての歴史）を伝える語り部の噂を聞くことはほとんどなくなったものの、夜の静寂につつまれた村の片隅で、炉端に集まった老人たちが、時に切なく、時に楽しげに孫の世代へ語り聞かせている光景に何度も出会うことができた。採録した口頭伝承の大部分は、そのような場を拝借し、録音したうえで書き起こしをおこなったものである。その一部は原語との対訳というかたちで公刊しており【Yamada 2007】、現地教育機関における副教材として活用されている。

もう一つは、親友でもあり長年の協力者でもあるサムとともに、1980年代に収集された物語集 *NBEEN SI MGANG LIH PUG RA*（「スガンリの物語 第2巻」）掲載の民話を再整理したものである。同書には雲南省のいくつかの地域から集められた貴重な民話が収められているが、編集の過程で語彙の同定ミスや文のねじれなどの問題が生じていた。そこで、サムの協力を得て、村の老人のもとを回るなどして、より「ワ語らしい」表現に改め、言語学的な資料として使えるようにした。これは、いわば間接的に収

NBEEN SI MGANG LIH の表紙

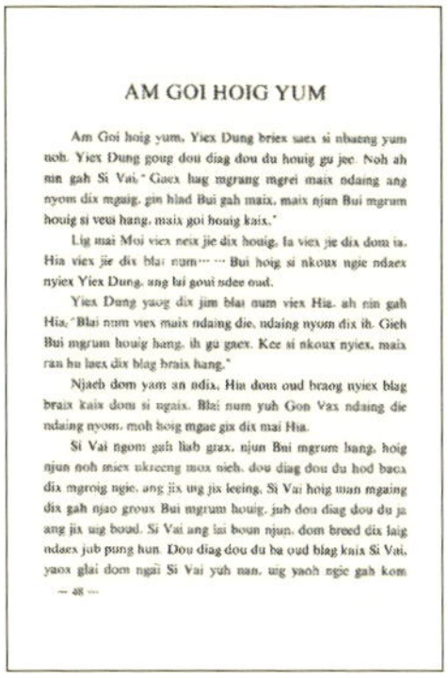

AM GOI HOIG YUM

Am Goi hoig yum. Yiex Dung briex saex si nbaeng yum noh. Yiex Dung goug dou diag dou du houig gu jee. Noh ah nin gah Si Vai, " Gaex hag mgrang mgrei maix ndaing ang nyom dix mgaig. gin hlad Bui gah maix. maix njun Bui mgrum houig si veu hang. maix goi houig kaix."

Lig mai Moi viex neix jie dix houig. Ia viex jie dix dom ia. Hia viex jie dix blai num…… Bui hoig si nkoux ngie ndaex nyiex Yiex Dung. ang lai goui ndee oud.

Yiex Dung yaog dix jim blai num viex Hia. ah nin gah Hia, "Blai num viex maix ndaing die. ndaing nyom dix ih. Gieh Bui mgrum houig hang. ih gu gaex. Kee si nkoux nyiex. maix ran hu laex dix blag braix hang."

Njaeb dom yam an ndix. Hia dom oud braog nyiex blag braix kaix dom si ngaix. Blai num yuh Gon Vax ndaing die ndaing nyom. moh hoig mgae gix dix mai Hia.

Si Vai ngom gah liab grax. njun Bui mgrum hang. hoig njun noh miex nkreeng mox nieh. dou diag dou du hod baca dix mgroig ngie. ang jix ug jix leeing. Si Vai hoig man mgaing dix gah njao groux Bui mgrum houig. jub dou diag dou du ja ang jix ug boud. Si Vai ang lai boun njun. dom breed dix laig ndaex jub pung hun. Dou diag dou du ba oud blag kaix Si Vai. yaox glai dom ngai Si Vai yuh nan. ug yaoh ngie gah kom

— 48 —

NBEEN SI MGANG LIH の中身

集したテキストであり、前者と資料的価値が異なる。そこで、それぞれの物語の末尾に「採録」と「再採録」という区別を付けることにした。

ワ族の民話と伝説

スガンリ[1]の話（1）：天地の創造

天地が作り出されたばかりの頃、天の姿はヒキガエルの背のようにざらざらしていて、あまり見栄えのよくないものでした。そこで、天の主は何年も何年も、それこそ魚の腹のように白くなるまで天を磨きました。天を磨き終えると、天の主は月と太陽、星を配置しました。こうして、ようやく天も見栄えがよくなったのです。

天地が作り出されたばかりの頃、地の姿はセミの腹のように空っぽで、あまり見栄えのよくないものでした。そこで、地の主は泥や土をいくつも積み上げて山や谷を作りました。この時から、地もトカゲの背中のようにでこぼこのある、とても見栄えのよいものになったのです。

天の主が天を磨いた際の破片が大きな水たまりに落ち、水を分断しました。こうして河川や湖沼ができあがり、今日のような姿になったのです。

その昔、天と地はとても近くにあり、しかも鉄線で繋がっていました。これには地上の動物も非常に不便を感じ、また居心地もよくありませんでした。動物たちは天の主や地の主に苦情をいいました。そこで、ノン様[2]が鉄線を切りに行くことになりました。動物神ノン様が大斧を振るうと、天は高く高く舞い上がり、地は深く深く沈んでいきました。こうして、天と地が別々に存在するようになったのです。

昔々、天と地は夫婦であったので、別れ別れになるのが耐えられませんでした。二人は別離をとても悲しみ、何か月も何年も泣き続けました。そ

1　スガンリとは、天地創造、人類起源の神話を指す【☞スガンリ】。

2　伝説中の動物神。

の涙がやがて雨や霧となったのです。

その昔、昼も晩も区別がありませんでした。太陽が沈めば月がすぐに出てきます。月が沈めば太陽がまた顔を出します。食物も飲料水も太陽と月が干上がらせてしまいます。地上の動物はこれに耐えられず、天の主や地の主に苦情をいいました。天の主と地の主は月に大木を植えることにしました。すると、月はようやく今日のように涼しくなりました。こうして、昼と晩が存在するようになったのです。

ノン様は大食漢で、一食に3カン[3]も米を食べるといいます。山をひとまたぎにする力、ゾウを指一本で持ち上げられる力があります。10人でも運ぶことのできないクロック[4]でさえ、つまみあげて耳飾りにしてしまうほどの巨人です。天と地とを繋ぐ鉄線を切った後、ノン様は天が落ちてくるのを恐れ、両手で天を支えていました[5]。しかし、彼の身体はあまりにも大きく重かったため、地中深くに沈んでしまいました。現在も、彼は地中深く、月も太陽も見えないところにずっと暮らしています。そして地上の動物が死んでしまったのではないかと心配し、時々、地面を揺らすのです。今日、地面が揺れると、人びとはクロックを叩き、銅鑼を打ち鳴らし、弓や銃を空に向かって打ち放し、「いるよ、いるよ」と大声を張り上げます。これは生きているということをノン様に知らせるためなのです。ノン様は人びとの無事を確認すると、地を揺らすのをやめるのです[6]。

天と地が分かれ、動物が地上に生存するようになってから、草木などが誕生しました。天の主と

3　カンは容量の単位。1カンでおよそ50kg程度の米に相当する。

4　ワ族が神聖視する木製の大きな鼓【☞クロック】。

5　原文では、simoŋ（西盟）からミャンマー領のʔaŋvaʔ（アンヴァ）やsi.bɔʔ（シボ）のあたりで支えていたとされている。

6　地震の由来。今日でも、地震の際にはこのような言葉が口をついて出てくるという。

地の主は植物をプロン様に、動物をノン様に管理させることにしました。

（西盟県にて再採録）

スガンリの話（2）：洞窟から出る

モイック様[7]は人間を作り出しました。そして、人間を洞窟の中に閉じ込めたのです[8]。

ある日のこと、ガビチョウ[9]が岩でふさがれた洞窟のそばを通りかかりました。ガビチョウは洞窟の中で人間が騒いでいるのに気がつき、慌てて仲間の動物、植物に知らせに行きました。

ガビチョウは「人間が出たがっている。岩の中で彼らが叫んでいるのを聞いたんだ」と告げました。動物や植物はこれを聞き、大いに慌てました。そして口々に、「人間を出すのに賛成か、反対か」「もし人間が出てきたら、私たちはどうしたらいいんだろう」といいました。

この時、大木が口を開きました。「人間を出してはいけない。そんなことをしたら、私たちは切られてしまうじゃないか。もし出しても、押し潰してやるからな」と。

また、トラがこういいました。「私も反対だ。もし出てきたら、私たちは射殺されてしまうじゃないか。もし出しても、噛み殺してしまうからな」と。

しかし、植物、動物の大半は賛成でした。

大木は再びこういいました。「絶対出してはいけない。出したら、全員潰してしまうぞ」と。

7　ワ語でtaʔmoc。万物の創造主として崇められている【☞信仰崇拝】。

8　西盟地域で収集された民話のため、洞窟の中という解釈になっている【☞スガンリ】。

9　ワ語でsia。中国南部から東南アジア北部に広く生息する鳥。眼の周りの眉状の白い模様が特徴的【☞スガンリの話（5）】。

すると、蜘蛛が怒ってこういいました。「ふん。私の吐く糸でさえ切れない者が、人間を潰すとは笑わせるね。嘘だと思うなら、勝負しようじゃないか。私の糸を押し潰せたら人間は出さない。押し潰せなかったら出すということにしよう」と。

蜘蛛は大木の枝に向けて糸を吐きました。大木は地面に横倒しになり、糸を押し潰そうとしました。しかし、蜘蛛の糸を潰すことはできませんでした。こうして、大木は人間を出すことに同意したのです。

人間を出すことにしたものの、岩は硬く、穴があきません。動物、植物はみな懸命に人間を助けようとしました。ゾウは鼻を使ってあけようとしました。サイは角で岩を突きました。キョン[10]は硬い蹄で岩を蹴り上げました。熊は右手で岩を叩きました。大鷹、フクロウなどは硬い爪で岩を引っ掻きました。オウムなどは嘴でつつきました。しかし、岩に穴をあけることはできませんでした。そこで、ガビチョウはモイック様のところへ飛んで行き、助けを求めました。

モイック様はコガラに任せることにしました。コガラはまずハエを訪ね、自分がつついた後に唾液を落として欲しいと頼みました。

コガラとハエが岩の前にやってきました。コガラの身体はオリーブの実くらいしかなく、嘴も黄色く頼りないものです。ほかの動物、植物は彼が穴をあけられるとは思えませんでした。

コガラはピュッと飛び上がり、枇杷の実を食べ始めました。腹一杯になると今度は嘴を研ぎ、ハエに紐を一本持って来させ、それで嘴をきつく縛

10 ワ語でpoih。中国南部の山地に生息する小型の鹿。

るように命じました。そして岩に穴をあけに取り掛かりました。コガラが「クラン、クラン」と岩を突き、その合間にハエが唾液を垂らします。すると洞窟をふさぐ岩がゆっくりと開いていきました。

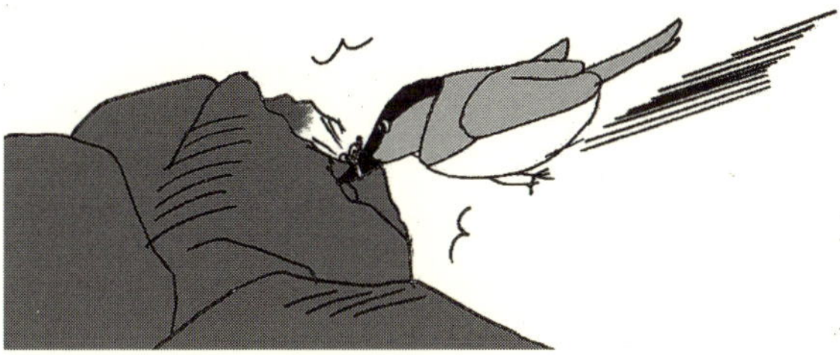

人間は洞窟の口が開いたのを見て、ぱらぱらと出てきました。人間が出るのをよしとしないトラは洞窟の口のところに待ち伏せしていました。そして、一人出ては噛み殺し、二人出ては噛み殺し、三人出てはまた噛み殺しました。ネズミはこれにとても腹を立て、トラの尻尾に噛みつきました。トラは痛さに「オゥ、オゥ」と叫び声を上げました。人間はトラのいなくなったのを見計らって、一斉に飛び出しました。トラは人間が続々と出てくるのに怖じ気づき、ネズミを振りほどいて逃げ出しました。この時より、出てきた順にアイ・ヴァ、ニー・ヴェン、サム・ダイ、サイ・ケーと呼ばれるようになったのです[11]。そのほかの民族も次々に出てきました。

人間は外に出てきた後、コガラに感謝しました。コガラは、「何てことありません。今後、穀物を

11 それぞれが今日の民族集団であるとみなされている。アイ・ヴァはワ族、ニー・ヴェンはラフ族、サム・ダイはタイ族、サイ・ケーは漢族と解釈されることが多い【☞スガンリ】。

植えたとき、落ちたものを食べさせてくれればそれで十分です」といいました。人間はまたハエにもお礼をいいました。ハエは、「礼には及びません。今後、食べ残しをくれればそれで結構です」といいました。人間はネズミにもお礼をいいました。ネズミは「どうか気になさらずに。今後、穀倉や籠の周りにこぼれ落ちたものを食べさせてくれればそれで結構です」といいました。人間はまた蜘蛛にも感謝しました。蜘蛛は「礼には及びません。今後、家を建てたときにその軒下に家を作り、雨風をしのがせてくれればそれで十分です」といいました。

この後、ワ族は互いに助け合うということを知りました。仕事などを手伝ってもらっても、特段のお礼などせず、食べ物を少し分ける程度で済ます習慣ができたのです。これはコガラ、ハエ、ネズミ、蜘蛛から学んだことです。

（西盟県にて再採録）

スガンリの話（3）：人びとの顔かたち

その昔、スガン[12]から出てきたばかりの頃、人間は全身埃だらけで、顔かたちがはっきりしませんでした。

アイ・ヴァはチャンチン[13]にしがみつきました。ニー・ヴェンは竹にしがみつきました。サム・ダイは芭蕉にしがみつきました。サイ・ケーはガジュマル[14]にしがみつきました。

モイック様はヌム様[15]に「彼らを洗いに連れて

12 ワ語で si.gaŋ。人類の生まれ出たところ。洞窟や瓢箪と解釈される【☞スガンリ】。

13 ワ語で khauʔtauɯʔge。漢語で「香椿」と呼ばれる落葉高木。樹皮が暗褐色。

14 ワ語で khauʔru̱ŋ。熱帯・亜熱帯にはえるクワ科の常緑高木。

15 ワ語で yɛʔ num。人間のリーダー的存在とされる女性。

行きなさい」といいました。ヌム様は人間を川に連れて行き、身体を洗わせました。するとそれぞれの顔かたちがはっきりしてきたのです。ワ族は全身がチャンチンのように赤黒くなりました。ラフ族は竹のように青白くなりました。タイ族は芭蕉のように黄白色の柔らかな姿になりました。漢族はガジュマルのように白く、背が高くなりました。

（西盟県にて再採録）

スガンリの話（4）：人びとの住むところ

その昔、スガンから出てきたばかりの頃、人びとはどこにいって暮らせばよいかわかりませんでした。そこで、モイック様に尋ねに行きました。

モイック様は、アイ・ヴァにこういいました。「おまえはチャンチンのあるところを見つけ、そこに暮らしなさい」と。こうしてワ族は、山の上に住むようになったのです。

モイック様は、ニー・ヴェンにこういいました。「おまえは竹の繁茂するところを見つけ、そこに暮らしなさい」と。こうしてラフ族は、竹の多い山の中腹に住むようになったのです。

モイック様は、サム・ダイにこういいました。「おまえは芭蕉の多いところを見つけ、そこに暮らしなさい」と。タイ族は、こうして暑い気候の平地に住むようになったのです。

モイック様は、サイ・ケーにこういいました。「おまえはガジュマルのあるところを見つけ、そこに暮らしなさい」と。それ以後、漢族はガジュマルのように巨大で、川沿いでも山沿いでも、暑い所にも寒い所にもどこにでもたくさん住むようになったのです[16]。

(西盟県にて再採録)

16 ガジュマルは、幹や枝から無数の気根を出し、一本でさながら林のような景観を作る。ここではその繁茂する様を、漢族の分布に重ね合わせている。

スガンリの話（5）：人びとのことば

その昔、スガンから出てきたばかりの頃、人びとは会話をすることができませんでした。そこで、モイック様のところに話しことばをもらいに行きました。

モイック様は、アイ・ヴァにこういいました。「今日から、コブ牛[17]がおまえの仲間である。だから、おまえはコブ牛に習いなさい」と。それ以来、ワ族のことばは滑らかでない、発音しづらいものとなったのです[18]。

モイック様は、ニー・ヴェンにこういいました。「おまえのことばはキジバトのところにある。だから、キジバトのところに行って習いなさい」と。それ以来、ラフ族のことばはキジバトの鳴き声のように、速くなったり遅くなったりするようになったのです。

モイック様は、サム・ダイにこういいました。「おまえは蜜蜂に学びなさい」と。それ以来、タイ族のことばは粘々したものとなったのです。

モイック様は、サイ・ケーにこういいました。「おまえはガビチョウに学びなさい」と。それ以来、漢族のことばは大きな声で朗読するような感じに

17 ワ語で mɔi。肩にコブがあるのが特徴。中国語では「黄牛」と呼ばれる。

18 ワ語の特徴については【☞ことばと文字】。

なったのです。

（西盟県にて再採録）

スガンリの話（6）：人びとの文字

その昔、スガンから出てきたばかりの頃、文字は存在していませんでした。また、人びとも文字を使うということを知りませんでした。

モイック様は、コブ牛の皮をアイ・ヴァに、芭蕉の葉をニー・ヴェンに、多羅樹の葉[19]をサム・ダイに、紙をサイ・ケーにそれぞれ与え、こういいました。「それはおまえたちの文字である。この後、おまえたちはそれを使うことがあるはずだ。しっかり保管しておきなさい」と。

ある時、ひどい飢饉に襲われました。人びとは食べるものが得られず、非常に困窮しました。このため、アイ・ヴァは自分のコブ牛の皮を焼いて食べてしまいました。こうして、ワ族の文字は存在しなくなったのです。

ニー・ヴェンは、キョンを追っていました。彼らは川辺にやってきて、芭蕉の葉でテントを張りました。すると、大雨が降り、芭蕉の葉を濡らしました。雨にぬれた文字はぼやけてしまいました。

19 ワ語で lhaʔlhak。仏教の経文を書写するのにも用いられた。

それ以来、ラフ族の文字は不揃いになってしまったのです[20]。

サム・ダイとサイ・ケーは、それぞれのものを大切に保管していました。そのため、タイ文字と漢字は今日まで存在するのです。

（西盟県にて再採録）

スガンリの話（7）：貧富の起こり

その昔、スガンから出てきたばかりの頃、モイック様は、貧富がもとで人びとが争うことを恐れました。そこで黄金の小箱をあけ、「富」[21]を取り出し、均等に分け、こういいました。「これはおまえたちに与える『富』である。各自一片ずつとって、早くどこかにしまっておきなさい」と。

サイ・ケーは箱を持ってきて、「富」をしまい、鍵[22]をかけました。

サム・ダイは肩掛けカバン[23]を持ってきて、「富」をしまい、両手で蓋をしました。

ニー・ヴェンは背負い籠を持ってきて、「富」をしまい、芭蕉の葉で蓋をしました。

アイ・ヴァは入れるものが見つからず、慌てて竹筒の中に押し込みました。しかし管理が悪く、その竹筒は間もなく虫に食われ、底に穴が空いてしまったのです。

こうして、漢族とタイ族は「富」が長持ちしているのです。ラフ族の「富」は少し漏れてしまい、漢族、タイ族ほど豊かではなくなりました。ワ族の「富」は全部漏れてしまったため、いつも貧し

20 ラフ族には、キリスト教徒の間で用いられるローマ字表記がある【片岡 2008:153-155】。不揃いとみている理由については不明。

21 ワ語で mi̱。普通は「豊かだ」の意味で用いられる。

22 ワ語で sɔ̱。漢語の「锁」に由来。

23 ワ語で ba̱ɯ̱。この地域の諸民族は、それぞれ模様や形状に特色のある肩掛けカバンを用いている。

く、裕福になることはないのです。

（西盟県にて再採録）

スガンリの話（8）：肉を食べる

その昔、スガンから出てきたばかりの頃、人びとは食べるものを見つけられず、土ばかり食べていました。そこで、モイック様のところに、食べ物をもらいに行きました。

モイック様はこういいました。「獣と競走をしなさい。走りながら漏らすものがあれば、その動物の肉を食べることにせよ」と。

獣と人間は競走をしました。獣が先を走り、人間がそれを追いました。獣は走りながら糞をしてしまいました。それ以来、人間は肉を食べるために獣を追うようになったのです。獣は人間を怖がり、人間と別れて暮らすようになりました[24]。

（西盟県にて再採録）

24 狩猟については【☞生業】。

スガンリの話（9）：火を使う

その昔、スガンから出てきたばかりの頃、人びとは火を使うということを知りませんでした。得た肉も生のまま食べていました。そこで、モイック様のところに、火をもらいに行ったのです。

モイック様はこういいました。「サイヒ様[25]のところに取りに行きなさい」と。

サイヒ様は太陽村にいます。まず、人びとはフ

25 ワ語でtaʔsaih。saihは「雷」を表わす。サイヒは火の神とされている。

クロウに火を取りに行かせました。サイヒ様のところへやってくると、フクロウは炉の上[26]にたくさんのネズミの干し肉が掛けられているのを見つけました。空腹のあまり、フクロウはその干し肉を全部食べてしまいました。これを知ったサイヒ様は腹を立て、フクロウを追い出してしまいました。

人びとは、次にホタルを遣りました。ホタルはサイヒ様のところに着くなり、酒の匂いを嗅ぎ取りました[27]。ホタルはその甘い匂いに我慢できず、つい酒を全部飲んでしまいました。サイヒ様はこれを知り、烈火のごとく怒り、ホタルを追い出しました。

そこで、今度はイナゴを使者としました。イナゴは心根がよく、何日もしないうちにサイヒ様と打ち解けました。サイヒ様はイナゴのことが大変に気に入り、こういいました。「乾いた縄を一本持ち、石の上で叩きなさい。そうすれば火が出るから」と。

それ以来、人びとは火をおこすことを覚えました。火を使って肉を焼くようになったのです。

（西盟県にて再採録）

スガンリの話（10）：穀物を作る

その昔、スガンから出てきたばかりの頃、動物の数は、人びとが食べるには不足していました。そこで、人びとはモイック様に助けを求めることにしました。

26 囲炉裏の網棚には、燻製にする肉などが掛けられている。

27 酒については【☞食】。

モイック様はこういいました。「穀物の種を沼の中に置いてきてしまった。それを取りに行ってきなさい」と。

人びとは、まず、鷹に種を取りに行かせました。しかし、鷹の嘴は短すぎて、沼の底まで届きませんでした。人びとは、次に、ハッカンに取りに行かせました。しかし、ハッカンの足は小さすぎて、種を摘み出すことができませんでした。今度は、蛇に取りに行かせました。蛇は身をくねらせながら潜って行き、やがて種を巻き取って出てきました。

穀物の種を持ってくると、モイック様は喜んで、こういいました。「これより、穀物を作りなさい」と。そして、ノミ、除草用の農具、犂、長刀、背負い紐、荷駄、天秤棒[28]などを地面に並べ、それぞれ好きなものを選ぶようにいいました。

アイ・ヴァはノミ、除草用の鋤、背負い紐を選びました。それ以来、ワ族はノミ、除草用の鋤で仕事をし、背負い紐を使って物を運ぶようになったのです。

ニー・ヴェンは長刀と竹製の背負い籠を選びました。それ以来、ラフ族は鋤で畑を耕し、物を竹製の背負い籠で運ぶようになったのです。

サム・ダイは小型の犂と天秤棒を選びました。それ以来、タイ族は犂で田を耕し、天秤棒で物を運ぶようになったのです。

サイ・ケーは大型の犂と荷駄を選びました。それ以来、漢族は大犂で田を耕し、荷駄をつけた馬やラバであちこちに物を運ぶようになったのです。

（西盟県にて再採録）

28 ノミ、除草用の農具、犂についての写真は【☞ことわざ】。

スガンリの話（11）：子を産む

その昔、スガンから出てきたばかりの頃、人びとは子供を産むということを知りませんでした。さらに、女が産むのか男が産むのかということもわかりませんでした。そこで、モイック様に聞いてみることにしたのです。

人びとが訪ねた時、モイック様は水酒を飲みすぎてうたた寝をしていました。そして、よくわからないままに、「じゃあ男が産むことにせよ」といってしまったのです。

さあ、大変なことになりました。男には、狩りをし、家や畑で仕事をし、クロックを作るという大切な仕事があるからです。それなのに、どうやって妊娠、出産したらいいのでしょうか。悩みに悩んだ末に、男は膝から子供を産むことにしました。

9ヵ月が過ぎたころ、膝から子供が生まれました。しかし､生まれた子はコオロギほどしかなく、いつまでたってもそれ以上大きくなりませんでした。それでも子供はとても賢く、生まれてほどなく父母と話をし、一人で歩くようになりました。

ある日のこと、子供は露台[29]での穀物の番を任されました。子供は棒を持ち、ムシロのそばに座って番をしました。

その日はとても暑い日でした。突然、腹を空かせた3羽の鶏が露台に上がってきて、穀物を食べ始めました。子供は棒を振り上げ追い払おうとしました。しかし、鶏はコオロギほどの大きさの人間など少しも怖がらず、飛び回りながら食べ続け

29 家屋の一角に作られた物干し場【☞住】。

ました。そして、子供に棒で叩かれると、鶏は怒って、子供を啄んで食べてしまったのです。

子供の母はそれを知り、とても悲しみました。そして、モイック様に訴えました。この時になり、モイック様は、ようやく自分が間違ったことを教えたのに気づきました。そして、こういいました。「これより後は、あなたたち女が子供を産むのですよ」と。

それ以来、子供を孕み、産むという仕事は女の仕事になったのです。

（西盟県にて再採録）

コブ牛の角が長くないわけ

昔々、コブ牛の角は、水牛の角のように長いものでした。しかし、その姿はあまり格好良いものではありませんでした。また、その角を使って何でも突こうとするので、動物たちはコブ牛をとても怖がりました。これはトラも例外ではありません。トラもコブ牛をひどく恐れていたのです。

ある日のこと、トラは森の中でコブ牛を見かけました。トラはコブ牛を騙そうと、こう話しかけたのです。「コブ牛兄貴。その角はあんまり見栄えがよくないですね。そんなに長いと森を歩くにも不便でしょう。いっそのこと、短くしてしまったらどうですか」と。

コブ牛はこの話を聞き、なるほどと思いました。そして、「おまえのいうことも一理あるな。では少し短くしようか」といいました。コブ牛は、本当に角を短くしてしまったのです。こうしてコブ牛の角は今日のような姿になったのです。これはトラの思うつぼでした。それ以来、トラはコブ牛を少しも恐れなくなりました。

まんまとコブ牛を騙し、トラは上機嫌でした。もはやコブ牛など相手ではありません。ある日のこと、森の中で、今度は、水牛とすれ違いました。トラは水牛も騙してやろうと考え、こう話しかけました。「水牛兄貴、水牛兄貴。その角は見栄えが良くないですね。しかも往来にも不便そうだ。いっそのこと短くしてしまったらどうですか」と。ところが、水牛はトラの話を聞くや、怒り心頭しました。鼻息を荒くし、こういい放ったのです。「ふん！　俺を俺らしくしているのはこの角なんだぞ。俺にちょっかい出そうとする奴がいたら、この角で突き殺してやる！」と。これを聞いたトラは、身体をぶるぶる震わせ、一目散にその場から逃げ出しました。それ以来、トラは水牛に近寄ることがなくなったのです。

こういうわけで、今日、トラはコブ牛を恐れず、水牛を恐れるのです[30]。

（滄源県にて採録）

30 コブ牛と水牛はワ族にとって対比的な存在である【☞言語にみるパラレリズム】。

トラが水牛を食べないわけ

トラが水牛を食べないのは、水牛の角だけが原因ではありません。その昔、水牛に助けられたこともあるからです。

ある日、トラは山へ干し草を刈りに行きました。日も暮れかけたので、トラは干し草を背負って、山を下りることにしました。ちょうど曲がり角に差し掛かったころ、トラは疲れを感じたので、一休みすることにしました。トラは道端に座り込み、道端の石でカチカチと火遊びを始めたのです。

「火で遊べば火傷する。魚で遊べば逃げられる」[31]これは老人が口癖のようにいう言葉です。

トラが何度か石を叩くと、突然火が起こり、あっという間に背中の干し草に燃え移りました。トラは驚き、走り出しました。しかし、火の勢いは増すばかりです。その時、ウサギがトラの様子をみて、「麓へ走れ、麓へ走れ」と叫びました。それを聞き、トラは坂道を慌てて下りました。しかし、火は少しも衰えません。今度は、山頂にいた山羊がこれをみつけ、「山頂に走れ、山頂に走れ」と叫びました。これを聞いたトラは、踵を返し、坂を上り始めました。しかし、火は消えるどころかますます盛んになってしまい、トラの身体にも燃え移りました。

ちょうどその時、山裾の水辺で水浴びをしていた水牛がトラの大事を知り、大声で叫びました。「こっちへ来い。早く！」と。これを聞いたトラは再び山を下りました。水辺に近づくと、水牛は立ち上がり、トラに向けて尻尾で水をかけました。

31　ワ語で
muan ŋu haʔ, muan kaʔ to
（遊ぶ、火、熱い、遊ぶ、魚、逃げる）。

火は勢いをなくし、ようやく消えたのです。しかし、トラの身体にも火が回ってしまい、身体の一部が黒く焦げてしまいました。トラはこうして今日のような姿になったのです。また、火の勢いが大きく、風も強かったため、水牛の首の毛も少し焦げてしまいました。今日、水牛の首に灰色の部分があるのはこのためです。

この事件をきっかけに、トラは水牛を食べようとしなくなったのです。

（滄源県にて採録）

ウズラがコブ牛を助ける話

コブ牛を騙した後、トラはしばしばコブ牛をいじめるようになりました。見かけるたびに噛みつき、あれやこれやとひどいことをしました。

コブ牛は、とうとう堪え切れなくなりました。ある日、トラを呼び出し、もういじめないでほしいと願い出ました。トラはコブ牛に、「じゃあ、どうしてくれるんだ？」と迫りました。コブ牛は泣く泣く、「私の子供を一年に十頭差し上げます」といいました。トラは不満を感じつつも、これに応じることにしました。

トラは「一年十頭、一年十頭」[32]と、口ずさみながら帰路につきました。これはコブ牛との約束を忘れないためです。その後方を、コブ牛がとぼとぼと続きました。涙があふれ、悲しくて仕方がありませんでした。

ちょうどその時、道端のウズラがコブ牛の姿を

32 「一年十頭」は
ti̱ʔ nu̱m kauʔ mu
（1、年、10、頭）

目にとめ、声を掛けました。「コブ牛さん、どうしてそんなに泣いているの？　私に何かできることがありますか？」と。コブ牛はトラとの間にあったことを、ウズラに話して聞かせました。ウズラはそれを聞き、腹を立てました。そして、「コブ牛さん、心配しないで。トラのろくでなしめ……。私がきっと何とかしてあげるから」といい残し、飛び去りました。

ウズラは、トラのやって来るあたりの草むらに身を隠しました。トラは上機嫌に、「一年十頭、一年十頭」と、口ずさみながら歩いてきました。ウズラはこれを聞き、怒りが倍増しました。そして、トラが「一年十頭」といいながら目の前を通り過ぎようとした瞬間、トラの目の前に飛び出しました。トラは驚いて、飛び上がりました。そして、驚きのあまり、何を口ずさんでいたか忘れてしまいました。トラはウズラを恨み、噛みついてやろうとしました。しかし、捕まえることができません。仕方なく、ウズラに向けて散々に罵声を浴びせました。そして、頭を掻き掻きコブ牛との約束を思い出そうとしました。しかし、どうにも思い出せません。ウズラはこの様子をみて、「十年一頭」[33]と叫びました。トラはこれを聞き、「そうそう、『十年一頭、十年一頭』だった」と得心し、再び帰路につきました。今日、年寄りが「トラは十年に一頭コブ牛を食べる」といいますが、それにはこういう理由があったのです。

コブ牛はウズラに大変感謝しました。しかし、どのようにお礼をしたらよいかわかりません。そこで、「ウズラ君、感謝のしるしに何かしたいん

33 「十年一頭」は kauʔ nu̠m ti̠ʔ mu（10、年、1、頭）

だけど、どうしたらいいかな？」と聞きました。ウズラは、「気にしないで。私は家も巣もないから、あなたの足跡に住まわせてくれるだけでいいです」といいました。

今日、ウズラは自分の巣穴というものをもたず、畑で牛の足跡に住み着いています。コブ牛もこのウズラを踏むことはありません。それには、このような理由があったからなのです。

（滄源県にて採録）

コブ牛に牙がなく、イチジクの木が曲がっているわけ

ある日、トラがぶらぶらと外を歩いていました。

ふと畑に目をやると、そこには目を疑うような光景がありました。一人の農夫が、身体の大きく頑丈なコブ牛を使って、畑を耕していたのです。あまりの光景に驚き、トラはコブ牛に声を掛けました。「コブ牛よ、コブ牛。おまえはそんな大きな身体をしているのに、なんで人間なんかに使われているんだ？　それじゃおまえの強さが台無しじゃないか」と。しかし、コブ牛はトラに目もくれません。そして、相変わらず犂[34]を引きながら、こう答えました。「ああ、トラよ。君は知らないんだな。身体が大きくたって、人間の賢さには敵わないんだよ」と。トラはコブ牛の話を聞き、こういいました。「そんな馬鹿な話があるか。人間が賢いだって？　ならば俺で試してみろよ。犂を引かせようものなら、噛みついてやる」と。「いいだろう」コブ牛はこれに応じました。そこで、農夫は犂を解き、コブ牛をイチジクの木に繋いで休ませました。

トラの番になりました。農夫はトラの身体にロープを取り付け、口と結んでしまいました。さらに軛を乗せ、犂を装着しました。トラは全身を縛りつけられ、自由が利きません。人間を噛もうにも、口さえ開けないのです。そこで仕方なく犂を引っ張ることにしたのですが、どんなに力を入れても、地面に刺さった犂の刃は少しも動きませんでした。このトラの無様な姿をみて、コブ牛は思わず噴き出しました。笑いに笑い、笑い転げました。そして、ついには地面に顔をぶつけ、牙が抜け落ちてしまったのです。またイチジクの木は、コブ牛に引っ張られた拍子に曲がってしまいました。こうして、コブ牛の牙はなくなり、イチジクの木は曲がってしまったのです。

トラも人間の賢さを知り、これ以後、人間に近づかなくなりました。

（滄源県にて採録）

34 犂についての写真は【☞ことわざ】。

コブ牛と水牛が草を食べるわけ

その昔、人間と動物は一緒に生活していました。コブ牛と水牛は、人間のもっとも近くにいる動物でした。

ある年、飢饉がひどく、食べ物が不足しました。人間は、コブ牛と水牛に、モイック様のところへ食べ物を求めに行かせました。

コブ牛と水牛がモイック様に状況を話すと、モイック様は「これからは一日一食にするように伝えなさい」といいました。

コブ牛と水牛は人間のところに戻ると、「モイック様が『これからは一日三食にするように』といいました」と伝えたのです。人間はこの話を信じ、三食をとるようになりました。こうして食料は尽きてしまいました。

モイック様はこのことを知り、腹を立てました。そしてコブ牛と水牛を責め、「『一日一食』といったのに、間違えるとは何事だ。こうなったからにはおまえたちには草を食べてもらう。それから人間を手伝って畑仕事をしなさい」といいました。

コブ牛と水牛は自らの過ちを認め、モイック様の言葉に従いました。草のみを食べるようになり、人間に代わって田を耕すようになったのです。

（滄源県にて採録）

トラとカニの競争（1）

トラは力が強いことを鼻にかけ、動物の王と名乗っていました。誰に対しても威張り散らし、脅したり噛みついたりしました。動物たちはトラをとても怖がり、またとても嫌っていました。

ある日のこと、トラは川辺にやってきました。トラはカニをみつけ、カニに対してこういいました。「おい、カニ。俺が来たのをみても、そこをどかないというのはどういう了見だ？　川の水が怖くないのか？」と。カニはこう答えました。「こんな小さな川、ちっとも怖くないよ。まさか僕が水中の王様だってこと、知らないわけじゃないよね？」と。トラはこの言葉にカチンときました。そして、「このチビめ。何て大口を叩くんだ！」と罵声を浴びせました。しかし、カニはそれに構わず、「あなたもだよ。絶対僕には勝てない。嘘だと思うなら比べてみようよ」といいました。トラはもちろんこれに応じました。「一つだけ……」カニは言葉を続けました。「川の中ほどに来たら、尻尾を前に振ることにしてよ。どこまで泳いで来ているのか知りたいから」と。トラはこの条件を飲みました。

川渡り競争が始まりました。始まるや否や、カニはそっとトラの尻尾につかまりました。トラは何も知らず、向こう岸に向けて急ぎました。そして川の中ほどに来ると、尻尾を思い切り前方に振りました。その瞬間、カニはトラの尻尾を放しました。すると、「ポクッ」という音とともに、カニは向こう岸に着陸することができました。そして、トラに向けて、「見てよ。僕が先だよ。やっぱり僕が勝った」と叫びました。トラはその声を聞き、慌てて向こう岸に目を遣りました。なんとカニは本当に向こう岸で休んでいたのです。トラは負けを認めざるを得ませんでした。

（滄源県にて採録）

トラとカニの競争（2）

トラはカニに泳ぎ負け、悔しくてなりません。そこで今度は、狩りの技術を競うことを提案しました。トラは狩りに自信を持っていたので、カニに負けるはずがないと思いました。

試合が始まると、トラは山へ向かって一目散に駈け出しました。しかし、どちらへどれほど行けども、獲物は見つかりません。一方、カニはどこへも向かわず、泥水の中に身を潜めていました。

その日は、太陽がじりじりと照りつける暑い日でした。しばらくすると、一頭のイノシシ[35]がやってきました。イノシシは暑さを避けるため、泥水の中に潜り込みました。カニはこの時とばかり、イノシシの舌を挟みました。そして、トラに向かって、「早く来て。イノシシを捕まえたよ」と叫びました。トラはこの声を聞き、急いで戻って、イノシシを仕留めました。またまたカニの勝ちです。

しかし、トラは負けを認めません。それどころか、今度は肉を食べる競争を申し出ました。イノシシの肉を二つに分け、早く食べ終わったほうが勝ちというわけです。これに対し、カニは「いいよ。でもここは暑いから川辺に行こう」と提案しました。二人はイノシシを川辺まで引っ張って行

35　ワ語でprɛ̱h。豚li̱cとはまったく別の語形式である。

き、肉を均等に分けました。

再び試合が始まりました。トラはお腹がすいていたので、骨ごとかぶりつきました。一方のカニは肉を切り分けながら、それをこっそりと川に流していきました。すべてを流し終わると、カニはトラに向けて「食べ終わったよ」と声を掛けました。その言葉に、トラは食べるのをやめ、カニのほうを振り返りました。今度こそカニの勝ちを認めざるを得ませんでした。

トラは3度も負けたので、もうカニを馬鹿にしなくなりました。

（滄源県にて採録）

センザンコウの歯

ある日のこと、小鳥とセンザンコウ[36]は、野外で一緒に食事を作ることにしました。

小鳥は火と鶏、センザンコウは土鍋と米を持って行きました。小鳥は上機嫌で、歩きながら歌を歌いました。しかし、センザンコウはこれをうるさく感じ、鳥にこういいました。「やめてくれよ。君の歌なんて聞きたくないよ」と。このセンザンコウの言葉に傷ついた小鳥は、機会をみつけて仕返ししてやろうと心に決めました。

山に到着すると、二人は早速食事の準備に取り掛かりました。まず鶏を捌き、火を起こします。土鍋の中の鶏モック[37]は間もなくできあがります。鶏モックの湯気がいい匂いをさせています。この時、小鳥はまたも興奮のあまり、「ミミズが喜び、

36 ワ語で si.bau?。森林に穴を掘って住む。身体は鱗で覆われ、球状になって敵から身を守る。

37 鶏肉の入った雑炊【☞食】。

小鳥も喜ぶ」と歌い出しました。センザンコウは、小鳥の小躍りする様子を滑稽に思い、大笑いしました。その時、小鳥はセンザンコウが無防備なところを見計らって、しゃもじでその歯を力いっぱい叩きました。センザンコウの歯は、全部折れてしまいました。センザンコウはあまりの痛さに、地面を転げまわりました。その隙に、小鳥は鶏モックを全部平らげ、帰って行きました。

それ以来、センザンコウには歯がなくなりました。そして、蟻やらイチジクやら柔らかいものを、もぞもぞと食べるようになったのです。

（滄源県にて再採録）

センザンコウとトラ

ある時、トラは何日も走り回ったのに、食べ物を得ることができませんでした。

お腹がすき、どうしようもありません。力なく畑の中で休んでいたところ、すぐ近くでセンザンコウが、腰をかがめて蟻を食べているのを発見しました。トラは大喜びで、身をすくめ、センザンコウに飛びかかりました。センザンコウは驚いて、急いで身体を丸めました。これに構わず、トラは殻の上からセンザンコウに噛みつきました。しかし、センザンコウの殻はとても硬いものです。トラは口が切れ、歯も折れそうになりました。トラは「アウ」と叫び声をあげて、飛び退きました。

しばらくもがいた後、ようやく立ち直り、センザンコウの周りをぐるぐると回りました。そして、方法を変えようと、センザンコウにこう話しかけました。

「ハハハ。センザンコウよ。久しぶりだね。さっきのはほんの冗談だよ」と。センザンコウはこれを聞きましたが、「ありがとう」といったまま、構えを解きませんでした。トラは座り込み、センザンコウを撫でながら、「なあ、センザンコウよ。あんたはとっても綺麗だったよなあ。だからそんな格好じゃみっともないよ」といいました。センザンコウはやはり身を固くしたまま、こう答えました。「見栄えなんかどうだっていい。あなたに嫁ぐわけでもないし」と。そこで、トラは「あんたの顔が見たいだけなんだよ。顔は大事だからね」といいました。センザンコウは試しに、頭を少し出してみました。すると、トラは待っていましたといわんばかりに、飛びかかってきました。センザンコウは予期していたので、すぐに頭をひっこめ、また固く身を閉ざしました。トラは、やむなくまた言葉を続けました。「センザンコウよ。じゃあひと勝負しないか。勝ったら黄金の服をあげるからさ。その代わり負けたら殻を脱いで、俺に食べられてよ」と。センザンコウは答えませんでした。すると、トラは我慢できなくなり、とうとう「勝負しないなら、殻ごと飲み込んじゃうぞ！」

と本音を洩らしました。センザンコウは、仕方なく勝負に応じることにしました。そして、穴もぐり競争、蟻を食べる競争、坂道を下る競争の三本勝負を提案しました。トラは、「穴もぐりなんて楽勝。蟻の早食いなんて、やつは歯がないんだから。坂道なんてひと飛びで差がつけられる」と内心ほくそ笑んだのです。

勝負が始まりました。まずは、穴もぐり競争です。センザンコウは身体を伸ばすと、穴にもぐって行きました。トラはセンザンコウに続きましたが、狭すぎて頭しか入りませんでした。やっとのことで穴から頭を抜き出し、仕方なく負けを認めました。

次に蟻を食べる競争です。センザンコウは蟻の巣を手で広げ、舌を伸ばしました。すると舌の表裏に蟻がびっしり付いて、すぐに蟻の巣が空になりました。トラはセンザンコウの真似をして、手で蟻の巣穴を広げ､頭を突っ込みました。すると、蟻がどっと這い出てきて、トラの顔や頭が、蟻だらけになりました。トラは絶叫し、慌てて頭を抜きました。またしてもトラの負けです。今日、トラの口の端に黒点があるのは、この時、蟻にかじられたためです。

最後に、坂道下り競争です。センザンコウとトラは山頂にやってきました。センザンコウが､「トラさん、お先にどうぞ」というので、トラは山裾

めがけて駆け出しました。しかし、ちょうど山腹に差し掛かったところ、人間に見つかり、農具や棒で袋叩きにされてしまいました。命からがら逃れたトラの横を、センザンコウが車輪のように丸くなって転がって行きました。この勝負もトラの負けでした。

（滄源県にて再採録）

カラスとハッカン

昔々、本当にずっと昔のこと、カラスとハッカンは仲の良い姉妹でした。二人の羽はともに真っ白できれいなものでした。

ある日のこと、二人は歌比べに参加することにしました。化粧をして、互いの姿を確認し合いました。カラスは、ハッカンの羽を指さしながら、こういいました。「私たち二人はとても綺麗だけど、ちょっと白すぎるわね。色をつけたらもっと見栄えが良くなるんじゃないかしら」と。ハッカンは姉の言葉に賛成し、色を探してきました。そして、「じゃあ、カラス姉さん。私に先に色をつけて頂戴」といいました。カラスはゆっくりとそして丁寧に、ハッカンに色をつけていきました。ハッカンは退屈のあまり、座ったまま居眠りをしてしまいました。そしていよいよ座っていられなくなり、カラスが色を取りに行った隙に、ホトトギスに「大事が起きたから、急いでクロック[38]を叩きに行って」と頼みました。ホトトギスは実直なので、一目散にクロックのところに飛んで行き、

38 ワ語でkrɔk。木製の大きな鼓。緊急時の信号伝達などに用いられる【☞クロック】。

「クルン、クルン、クルン、クルン……」と、クロックを鳴らしました。この音を聞いたカラスはハッカンに、「まだ終わってないのに、どうしたらいいかしら？」と尋ねました。ハッカンはさも慌てたように装いながら、「緊急事態なんだから、行かないといけないわ。私のお尻はまだ色をつけていないけれど、やむを得ないわ」といいました。それを聞いてカラスは、「じゃあ、私には顔料を全身にかけて頂戴」といいました。ハッカンは黒の顔料を取り、カラスの全身にかけたのです。ハッカンは「ヒッヒッ」と唱えながら逃げ出しました。カラスはハッカンのいたずらとは知らず、「アック、アック」と大いに慌てました。こうして、カラスは全身真っ黒になり、洗っても落ちなくなったのです。

（滄源県にて再採録）

熊とネズミ

昔々、熊は現在とまったく違う姿でした。美しい肢体と顔立ちで、動物たちも憧れる姿だったのです。しかし、のろまで怠け癖があることだけが欠点でした。

ある日のこと、熊は一匹のネズミを捕まえ、食べようとしました。「僕を食べるの？」とネズミは、震えながら聞きました。熊は無言でうなずきました。「僕は小さすぎるよ。お腹一杯にならないけどいいの？」ネズミは再び尋ねました。熊はやはり無言でうなずきました。

ネズミは熊に食べられるかと思い、身体の震えが止まりませんでした。何とかならないかと考えました。そして、四方を見渡すと、熊の後ろ、岩の上に大きなスズメバチの巣があるのに気づきました。ネズミはずる賢い動物です。その瞬間、逃げる方法を思いついたのです。

「熊さん！　あれは僕の家の大銅鑼[39]だよ」ネズミは叫びました。「あれを叩けば、家族が集まってきます。そうすればお腹一杯になるじゃないですか」と熊をそそのかしました。

熊は、ネズミの話を聞き、「銅鑼」を振り返り、なるほどと無言でうなずきました。ネズミはこう続けました。「僕が逃げるのが心配なら、土の中に閉じ込めていいよ。あとで掘り出して食べればいいでしょ」と。愚鈍な熊は、ネズミの作戦にまんまと引っ掛かり、ネズミを穴に放り込み、その口を石でふさいだのです。そして、「銅鑼」を叩くために、岩によじ登り始めたのでした。

ネズミが穴を掘れることは、誰もが知っていることです。熊がいなくなると、ネズミは難なく穴から抜け出しました。そして、少し離れた所に身を隠し、熊が「銅鑼」を叩くところを見守ることにしました。

間抜けな熊は岩の上に到達し、スズメバチの巣に近づきました。疲れてはいたものの、期待に胸を膨らませていました。たくさんのネズミが前に置かれている姿を想像すると、よだれが溢れてきました。スズメバチの巣の下にやってくると、躊躇することなく、右手で猛烈に叩いたのです。

さあ大変なことになりました。巣が叩かれるや

39 ワ語で klɔŋmɔ̠ŋ。円形で中央に乳状突起をもつ。

否や、「ヴゥ、ヴゥ」という音とともに、巣から無数の蜂が飛び出してきました。熊はすっかり蜂に包囲されました。熊は何が何だかわからないまま、スズメバチに全身を刺され、あまりの痛さに昏倒してしまいました。目が覚め、ようやく騙されたことに気づきました。そして、仕返しをしようとネズミを探しました。しかし、ネズミはもう穴の中にいませんでした。遠くから、「わあ。騙された、騙された」と、はやし立てる声がしました。その声を聞き、熊はやる方なく、立ち尽くしました。

次の日、熊の顔は二倍に腫れ上がり、目も糸のように細くなってしまいました。このことがあって以来、熊はさらに愚鈍になり、容姿も今日のようにまことに醜いものとなってしまったのです。

（滄源県にて再採録）

犬と豚

昔々、犬と豚は大の仲良しでした[40]。人間も両方を可愛がり、まるで家族のように接していました。食事のときも一緒、仕事も一緒でした。眠る時でさえ、家の中に入れてもらえました。

ある日のこと、犬と豚は畑を耕すことを命じられました。

二人は畑にやってきました。豚はまじめな性格です。文句ひとつ言わず、仕事を始めました。犬は怠惰な性格です。その日はとても暑かったので、畑のそばの木陰に入り、眠ってしまいました。

40 犬と豚は、ワ族にとって対比的な存在である【☞言語にみるパラレリズム】。

目が覚めると、もう太陽が沈みかけていました。豚はすでに、自分の分を掘り終えていました。犬はその様子をみて、帰るに帰れなくなりました。主人に叱られ、食事をもらえないのが怖かったのです。そこで、豚が耕したところに寝転がり、自分の体中を泥だらけにしました。そして、走って豚より先に家に帰りました。

家に着くと、主人は泥だらけの様をみて、犬を褒めました。そして、豚のことを尋ねました。すると犬はこう答えました。「豚は一日中何もせず、木陰で眠りほうけていました。畑は私が全部耕しました」と。そこへ、豚が帰ってきました。豚は動作が遅く、口も達者ではありません。しかも、身体の汚れを落として帰って来ていました。主人はこの姿を見て、犬のいった通りだと思いました。そして豚を叱り、家の外に追い出しました。食事の時も眠る時も、家に入ることを許しませんでした。

これより後、犬は家の中で主人とともに暮らすようになりました。そして、人間が食べるものを犬も食べるようになりました。豚は外に住まわされ、人間の食べ残したものや野の草などを食べさせられるようになったのです。

（滄源県にて採録）

トラと猫

昔々、トラが森でキョンを仕留めました。そして、誰もいないところで焼いて食べようとしました。しかし、火種がないことに気づき、どうしようか頭を悩ませました。
ちょうどその時、一匹の猫がタイ族の村に食べ物を求めに行くのを見かけました。ちょうどよいと、トラは猫に声を掛けました。
「猫よ、おい猫。ちょっと来てくれ」トラがこう呼びかけると、猫はトラのもとにやってきました。猫はキョンを見るなり、「うわあ、大きい。どこで仕留めたの？」と聞きました。
「森の中で捕まえたんだよ。」
「腹いっぱい食べられるねえ。」
「そうさ。これから焼いて食べるつもりだよ。でも火種がないんだ。どうしたらいいだろう？」トラは猫にこう尋ねました。猫は羨ましく思い、よだれが出てきました。それを見てトラはこういいました。「こうしよう。おまえは人間の友達だから、人間の村に入ることは何でもないはずだ。火種をもらってきてくれよ。二人でキョンの肉を焼いて食べようじゃないか」と。これを聞いて、猫は喜んで村に走っていきました。
村に着くと、猫はタイ族の老婆の家に入りました。老婆はちょうど、食事の用意をしているところでした。老婆が蒸しているもち米が、いい匂いをさせています。猫はお腹がすいていたので、立っていられなくなりました。炉のそばにうずくまり、蒸籠のほうを見ていました。
長いこと待って、ようやく老婆が蒸籠に手をつけました。猫は老婆の足元に寄り、「ミャオ、ミャオ」と鳴きました。老婆は猫を哀れに思い、もち米を少し食べさせてあげました。猫は急いでもち米を食べ、それに満足すると、炉端で眠ってしまいました。目が覚めて、猫はようやくトラの言葉を思い出しました。そして囲炉裏から火種を取り、走り出しました。

待てども待てども猫が戻りません。トラはあまりにお腹がすいてしまったので、生のままキョンの肉を食べてしまいました。

猫が戻ると、トラはとても怒りました。そして、猫を押さえつけてこういいました。「こら、今頃戻ったのか。おまえのせいで生のまま食べるはめになってしまったよ。もう火種なんか要らない。ゆっくり休むとするか」と。そういい終わるや否や、猫の上にどっかと腰をおろしました。猫は、つぶれて死んでしまいました。

それ以来、トラは生で肉を食べるようになりました。また猫をみつけると、捕まえて椅子代わりにするようになったのです。

（滄源県にて再採録）

キジバトと雄鶏

その昔、キジバトと雄鶏は大の仲良しでした。しかし、性格はまったくの逆で、キジバトは働き者、雄鶏は怠け者でした。

ある日のこと、二人は一緒に山に食べ物を探しに行きました。ところが、山は食べ物が豊富なはずなのに、その日は、いくら探しても何も見つかりませんでした。喉も渇いてきたのに、水も見つかりません。歩き回って、ようやく木の根元に針ほどの湧水があるのを見つけました。
キジバトは穴を掘ってその湧水を溜めようと考えました。雄鶏は面倒だったので、キジバトに任せ、遊びに出てしまいました。キジバトは懸命に穴を掘り、水を溜めました。しかし、水に濁りが出てきたので、しばらく置かなければなりません。そこで、キジバトは水が澄むまで木陰で休むことにしました。
雄鶏は、遊びから戻ってきました。とても喉が渇き、穴の水を飲み始めました。キジバトは眠りから覚め、穴のところに行きました。しかし、水が少しもありません。雄鶏にすっかり飲まれてしまったのです。キジバトは怒りに身を震わせ、「他人の水を飲むとは……雷に打たれるのが怖くないのか！」と叫びました。

するとその時、山の天気が急変しました。風が吹き、厚い雲が一面に垂れこめました。雨が降り出し、稲光が走りました。雷鳴のあまりのすさまじさに驚いた雄鶏は、石陰に逃げ込みました。
しばらくすると、雨が上がり、また晴れ間が出てきました。キジバトは雄鶏に、「雷はあなたに

警告したんだよ。これからは夜明けに一番に鳴き、皆に働きなさい、怠けないようにしなさいと告げる役目を与えられたんだよ」といいました。
これより後、雄鶏はキジバトの言葉通り、朝に鳴くようになりました。また、あの時の恐怖が残っているため、鶏は水を飲むときに、一口飲んでは天を見上げる、そして、もう一口飲む、という習慣がついたのです。

（滄源県にて再採録）

フクロウと猫

昔々、フクロウは翼をもっておらず、飛ぶことができませんでした。フクロウと猫は兄弟でした。
ある日のこと、二人は鳥が大空を舞うのを見て、羨ましく思いました。フクロウは、猫にこういいました。「僕たちに翼があったら、空中からネズミを捕まえられる。便利だろうねえ」と。「そうだよ。でもどこへ行ったら、翼が見つかるのかなあ」と猫は答えました。フクロウは少し考えて、「鳥のところへ行って、飛び方を学ぶことにしよう！」と提案しました。しかし、猫はこれに賛成せず、「それより、モイック様のところに、翼をもらいに行こうよ」といいました。
「苦労するのが嫌なんだろう？」フクロウは不満気にいいました。すると、猫は怒りながら、「じゃあ兄弟、それぞれ自分のやり方でやろうよ」といいました。フクロウは猫を一瞥もせず、踵を返しました。こうして、それぞれの道を行くことになったのです。

フクロウは、太陽の出るほうへ向かいました。九十九の山と七十七の川を越えたところで、一羽の鷹と巡り会いました。フクロウは跪き、「鷹さん、あなたの飛ぶ姿が羨ましいです。どうぞ私に飛び方を教えてください」と願い出ました。鷹は、フクロウが遠方からはるばるやって来て、礼儀正しい態度で願い出たことに感心し、弟子にすることを決めました。

学び始めて間もなく、フクロウは飛べるようになり、翼も生えてきました。姿かたちまで師匠の鷹にそっくりになりました[41]。

一方、猫は太陽の沈むほうへ向かいました。すると間もなく、万物を創造した主、モイック様に出会うことができました。猫は、モイック様の服の裾を引っ張りながら、「あなたは創造神です。私に翼をください」と願い出ました。

モイック様はこういいました。「では、シコクビエ[42]を盗み食いしているあの5匹のネズミを、全部捕まえることができたら、おまえに翼を授けよう」と。猫は喜んで、「ミャオ」といいながら、畑のネズミを捕まえにかかりました。口に1匹、手足に4匹を持って、モイック様に報告しました。

「全部捕まえられたか？」とモイック様が聞きました。猫は、「捕まえました」と、口を開きました。するとその時、くわえていたネズミに逃げられてしまいました。モイック様は、猫が4匹しかネズミを持っていないことを確認し、身を翻して帰って行きました。

猫は翼を得ることができず、大いに落ち込みま

41 ワ語で鷹はklaŋ、フクロウはklaŋplɔh。つまり、フクロウも鷹の一種とみなされている。

42 イネ科の一年生作物。酒の原料として好まれる【☞食】。

した。今日、夜になると、猫が暗い部屋の片隅に身を置くのは、あの時、フクロウの言葉を聞かなかったことを後悔してのことなのです。

（滄源県にて再採録）

犬と山羊

その昔、犬には角がありました。一方、山羊には角がありませんでした。犬は角があるのをいいことに威張り散らしていました。トラでさえ一目置く存在だったのです。

ある日のこと、犬は一頭の山羊とすれ違いました。犬はいつものように、因縁をつけました。すると山羊は、「本当に強いなら、あの村へ行って、穀物を盗んで来られるんだろうね？」と犬にけしかけました。その村の人間は、気性が荒いことで知られています。下手をすれば、命にかかわるかもしれません。しかし、犬は引くに引けなくなり、ついにこれに応じたのでした。

犬と山羊は、人間が働きに出ているのを見計らって、村に侵入しました。そして、ある露台に近づき、干してあった穀物を盗むことにしました。犬は穀物を口で集め、持参した竹筒に詰めようとしました。しかし、角が邪魔でうまく入りません。犬は人間に見つかるのを恐れて、竹筒の周りをうろうろと回り出しました。山羊はその様子を見て、笑いながら、「角を取ったら入れやすいよ」と声を掛けました。犬はなるほどと思い、急いで角を置き、再び穀物のほうに向き直りました。すると、犬が油断した隙をねらい、山羊は角を盗んで、逃げてしまったのでした。

こうして、今日、犬には角がなく、勇ましさのかけらもないのです。また、山羊に角が生えているのもこういう理由なのです。犬は山羊を憎み、山羊を見かけると「返せ、返せ」と吠えるようになったのです。

（滄源県にて再採録）

シラミとノミ

シラミとノミは仲のよい友達です。

ある日、二人は仲良く薪を集めに行きました。森に着き、しばらくすると、背中に一杯の薪を拾うことができました。二人は薪を背負い、帰ることにしました。

ノミは動きが機敏です。薪を背負い、ぴょんぴょんとシラミの前を行きました。あっという間に姿が見えなくなってしまいました。

しかし、シラミは慌てません。ゆっくりゆっくり、のそのそと帰り道を歩きました。道が分岐するところに差し掛かると、シラミは、ノミが一休みしながら、薪を入れた籠を直しているのを、目にしました。そこで、ノミにこういいました。「ノミ君、籠を直しているなら、先に帰っているよ」と。

しばらくすると、ノミがまたぴょんぴょんとシラミを追い越しました。シラミは慌てることなく、ゆっくりと自分の歩みで進みました。しばらくして、ノミの籠はまた壊れてしまいました。仕方なく、再び籠を下ろし、直すことにしました。シラミはこの間に、またノミを追い越したのです。このように、ノミの籠は何度か壊れ、そのたびに立ち止まって修理しなければなりませんでした。シラミはまだ日があるうちに家に着きましたが、ノミは日が暮れて、真っ暗になってからようやく家に戻ったのです。

この物語は私たちに、物事はゆっくりと気長にやるもので、決して事を急いてはならないということを教えてくれます。人びとがよく口にする、「里芋の弓弦で鷹を射る。広い心で物事を解決する」[43]というのはまさにこのことなのです。

（滄源県にて再採録）

43 laih ʔak krauʔ puiŋ klaŋ, laŋ rhɔm pon prɔŋ sɯ（弦、弓、芋、射る、鷹、長い、心、得る、解決する、紛糾）

穀物と金銀

ある時、金銀と陸稲、アワが、土地のことで喧嘩をしました。

金と銀はこういいました。「世界中でもっとも価値があるのは我々だ。人間が生活するためには我々が必要なんだよ！」と。

すると、陸稲とアワはこう切り返しました。「人間が生きるためには、何よりもまず食べ物だ。我々がいなければ人間は困ってしまう。だからこの土地は我々のものだ！」と。

このような言い争いが続き、ついに金銀は陸稲、アワに手を上げ、こういい放ったのです。「ええい、この恥知らず。早くどこかへ行ってしまえ！」と。

陸稲とアワは我慢がならず、とうとう逃げ出しました。陸稲は川底へ逃げ込みました。アワは森の奥へ身を隠しました。

こうして人間は、穀物が得られなくなりました。仕方なく、草木樹木を食べ、土も食べました。そして土を掘り返し、いよいよ金、銀までも食べようとしました。

植物の主は慌てて、陸稲とアワを探しに行かせました。探しに探し、ようやくアワを連れ戻しました。しかし、陸稲は水底に隠れ、出て来ませんでした。植物の主は蛇を遣り、水底から陸稲を引き揚げました。

陸稲とアワが村に戻り、ようやく人間の餓えもおさまりました。金と銀は、自分たちが間違っていたことを認め、恥ずかしくなって土の奥深くにもぐって行きました。こうして、今日、穀物[44]が人間の身近に暮らすようになり、金銀が人間から離れて暮らすようになったのです。

（滄源県にて再採録）

44　陸稲はŋhoʔ、アワはkɔi。ŋhoʔkɔiという複合語は「穀物」の意味を表わす【☞言語にみるパラレリズム】。

シコクビエとモロコシ

昔々、シコクビエ、モロコシ、トウモロコシ、豆、瓜、冬瓜など山の畑に育つものは、すべて陸稲とともに暮らしていました[45]。陸稲が母、シコクビエが長男、モロコシが次男という大家族でした。とても仲がよく、収穫の時期が来ると、みんな一斉に人間のもとにやって来るのでした。

ある年、シコクビエが母親である陸稲にいいました。「お母さん、間もなく収穫の時期がやって

45 農耕については【☞生業】。

きます。弟たちを遣って、人間のところにまだ食べるものがあるかどうか、様子を確かめたらどうでしょうか？」と。母はこれに同意し、早生トウモロコシ[46]を使いに出しました。早生トウモロコシが村にやってくると、人間はこれを捕まえて食べてしまいました。母は待てども待てども早生トウモロコシが帰ってこないので、今度は晩生トウモロコシ[47]に様子を見に行かせました。晩生トウモロコシが村にやってくると、人間はまたこれを捕まえて食べてしまいました。

晩生トウモロコシも帰ってこないのを心配した家族は、どうしたらいいか話し合いました。その時、カボチャとキュウリの姉妹が立ち上がり、人間に事情を聞きに行くといいました。二人は村に着くなり、人間に、「早生トウモロコシと晩生トウモロコシが来たはずですが、何かありましたか？」と尋ねました。これに対し、人間は、「あまりに空腹で、早生トウモロコシも晩生トウモロコシもみんな焼いて食べてしまった。ほかの穀物も早く来てくれないと、私たちはみな飢えてしまう……」といいました。そして、カボチャとキュウリも捕まえようとしました。カボチャとキュウリは慌てて逃げ出しました。こういう理由で、カボチャとキュウリは熟すのが早く、傷むのが遅くなったのです。

46 ワ語で si.vɔ̱ŋkluah。si.vɔ̱ŋ は「トウモロコシ」の意、kluah は単独では意味をもたない。

47 ワ語で si.vɔ̱ŋlha。lha は「遅い」の意。

二人は家に戻ると、事情を陸稲や兄弟に話して聞かせました。みな口々に、「よし、一刻も早く行かなくては！」といいました。しかし、具体的にどのように行ったらいいか、悩ましい問題でした。その時、シコクビエが立ち上がり、「順番に行くことにしよう。一度に押し掛けたら、人間も混乱してしまう。まず母さんが最初で、そのあとは成熟の順に行くことにしよう」と提案しました。皆は長男の意見をもっともだと思いました。

しかし、次男のモロコシがこれに異を唱え、「皆一緒に行こう。ばらばらに行ったら、人間も手間がかかる」といい出しました。

これに対し、シコクビエは、「俺が長男だ。おまえは次男なんだから、俺のいうことに従え」と叱りつけました。すると、モロコシは、「長男、次男なんて関係あるか！」といい返しました。

二人は取っ組み合いになり、地面を転がりました。そして、転がった拍子に、母親である陸稲にぶつかり、倒してしまいました。こうして、陸稲は成熟後、すぐに収穫しないと倒れてしまうようになったのです。

シコクビエとモロコシは、なおも喧嘩を続けました。モロコシはシコクビエの頭を、思い切り叩きました。すると、シコクビエの頭は四つに割れてしまいました[48]。今日、シコクビエの穂先が、四つに分かれているのはこのためです。シコクビエは、モロコシを思い切り引っ張りました。すると、モロコシの首が伸びてしまいました。こうして、モロコシの穂は曲がってしまったのです。

（滄源県にて再採録）

48 シコクエビの穂の写真は【☞食】。

ソラマメとソバ、麦

ある日、ソラマメがソバと遊んでいました。

ソラマメはソバに対し、「世界で一番顔が黒いのは君だろうねえ」と冗談をいいました。ソバも笑いながら、「顔が黒くたって構わないよ。私はみんなと家の中で、一緒に新年[49]を迎えられるからね。君は白いけど、ぽつんと一人畑にいなけりゃならないから、かわいそうなもんだね」とやり返しました。

ちょうどその時、麦が通りかかりました。ソバの話を聞いた麦は、気分が悪くなりました。麦もソラマメと同様、新年を迎える頃、まだ畑にいなければならないからです。麦はソバに詰め寄り、ソバの顔を思い切りつねりました。ソバの顔は三角になり、口も裂けてしまいました。ソバも反撃し、麦の腹を蹴り上げました。すると、麦のお腹にひびが入りました。

こうしてソバは三角形になり、麦は熟すと割れるようになったのです。

（耿馬県にて再採録）

49 ここでの新年は旧正月を指している。

孤児アイ・ライ

その昔、アイ・ライ[50]という孤児[51]がいました。アイ・ライは帰る家もなく、獣と同じように山野を放浪して暮らしていました。

ある日のこと、アイ・ライは、森で眠っていました。すると、顔を蚊に刺され、血が止まらなく

50 命名法については【☞名づけ】。

51 ワ族の孤児については【☞孤児】。

なりました。アイ・ライは無造作に辺りの木の葉をつかみ、顔の血を拭きました。すると、不思議なことに、傷口がみるみる良くなっていきました。アイ・ライはびっくりして、その不思議な木の葉[52]を集めました。そしてその葉を大切にし、どんな時も肌身離さず持ち歩くことにしました。

ある日、森の中を歩いていると、カラスが死んで、横たわっているのを見つけました。アイ・ライはカラスを抱え上げ、例の葉っぱでさっと擦りました。すると、カラスは息を吹き返しました。カラスはとても感激し、アイ・ライにお返しがしたいといいました。その後も、アイ・ライはこの葉で、たくさんの動物の命を救いました。動物たちはアイ・ライと友達になりました。

その後、アイ・ライは近くの村に行き、葉っぱで何人かの死んだ人間を救いました。村人は感激し、アイ・ライのことが好きになりました。

ある時、アイ・ライは別の村に行き、盲目で一人暮らしの老婆の家に、身を寄せていました。ある晩、アイ・ライは老婆の泣き声に、目を覚ましました。びっくりして何事かと尋ねると、老婆の雌鶏が死んでしまったというのです。アイ・ライは老婆を慰めて、こういいました。「お婆さん、泣かないで。私が助けてあげるから」と。そういいながら例の葉っぱを取り出し、死んだ雌鶏にそっと触れました。すると、雌鶏は飛び跳ね、地面を駆け出しました。老婆は感激し、アイ・ライを引き取ると言い出しました。アイ・ライは、そのお返しに、葉っぱで老婆の目を治してあげました。

またある日のこと、アイ・ライは、村の金持ち

52 この不思議な葉っぱは、何人もの協力者が、異なる物語の中で言及しているものである。芥子やアヘンが、そのモチーフになった可能性がある【☞芥子、アヘン】。

の家から泣き声がするのを耳にしました。通り過がりに覗き込むと、どうやらその家の娘が、死んでしまったということです。よく見ると、その死んだ娘とは、放浪生活をしていた時に水を飲ませてくれたイーという娘でした。そこで、アイ・ライは金持ちに、「もしこの娘を嫁にくれるというならば、すぐに助けてあげます」といいました。金持ちは、藁にもすがる思いで、「娘を助けてくれさえすれば、望むものはなんでもあげよう」と答えました。

アイ・ライは例の葉っぱを取り出し、イーの顔をちょっと擦ってみました。すると、イーは意識が戻り、ゆっくりと両目を開けました。イーはアイ・ライが助けてくれたことを知り、自分からアイ・ライへ嫁ぎたいといい出しました[53]。金持ちは娘が生き返ったので大喜びしました。しかし、約束を破り、アイ・ライと娘が結婚するのを許しませんでした。アイ・ライは深く傷つき、表へと駆けて行きました。そして、以前に助けた動物たちに事情を話して回りました。

動物たちは、アイ・ライがひどい目にあったことを聞き､金持ちに腹を立てました。動物たちは、それぞれアイ・ライに代わって、金持ちに仕返しをすることにしました。カラスと孔雀は、火種をくわえて飛んで行き、金持ちの家に火を点けました。トラと熊は家に押し入り、家中のものを踏み散らかし、家族をかみ殺すと脅しました。金持ちの家族はとても怖くなり、ようやくイーを嫁に出すことに応じたのでした。

アイ・ライとイーは結婚して、毎日を楽しく暮

53 ワ族の結婚については【☞恋愛・結婚事情】。

らしました。仲睦まじく、幸せでした。イーの姉イェ・ロンは、二人の幸せをひどく妬みました。そして、何かとイーに辛く当たり、できればアイ・ライの、あの葉っぱを手に入れたいと考えたのでした。イーはこの姉の仕打ちに我慢できなくなり、とうとう葉っぱをこっそりイェ・ロンに渡したのでした。

イェ・ロンは葉を手に入れ、とても興奮しました。誰にもこのことを知られないように、葉っぱはいつも見えないところに隠していました。ある時、月光でこっそりと葉を見ようと取り出したところ、月に取り上げられてしまいました。

葉っぱを取り返すため、アイ・ライは小犬を月に派遣しました。小犬は梯子を伝い、月に上って行きました。月はあまりに遠く、ようやく月に着いたころには、梯子の脚が腐ってしまいました。梯子が折れてしまったので、小犬は地上に戻ることができません。月にはもちろん食べるものもありません。そこで、ひと月に一つずつ、月の子供を食べることにしました。これがいわゆる「天の犬が月を食べること」[54]なのです。

（滄源県にて採録）

54 月の満ち欠けを指しているものと思われる。

アイとニー

その昔、アイとニーという兄弟がいました。二人は母親を早くに亡くし、父親と一緒に暮らしていました。

ある年、自然災害があり、村全体が凶作に見舞われました。父親は病気で仕事ができず、家には飢えをしのぐものが何もありません。アイとニーは、どうしたらよいかわかりませんでした。そして、黙って顔を見合わせてこういいました。「父さんを売ってしまおうか！」と。

次の日、アイとニーは本当に父親を担ぎ、街へ向かいました。

しばらく歩くと、父親がこう話し掛けました。「息子よ、ちょっと降ろしてくれないか。用を足したいんだ」と。アイとニーは、いわれるまま、父親を降ろしました。

父親は森の中に入ると、すぐに二人を呼びました。アイとニーが父のもとに駆け寄ると、父親は「ちょっと見てみなさい」と、巣の中にいる小鳥を指差しました。そして、「おまえたち、この小鳥を見なさい。おまえたちがまだ幼かった頃、面倒をみたのはこのわしだ。この小鳥の母親が、小鳥を育てているようにな。それなのにおまえたちは大きくなって、わしを売り払おうとしている」といいました。アイとニーは、小鳥たちが口を大きく開けて、父親の指をついばむ姿を眺めていました。そして、ようやく父親の言葉の意味を理解し、父親を担いで家に戻ることにしたのです。

家に着くと、二人は父親にいいました。「父さん、私たちの小さかった頃、とても苦労したんですね。私たちはもう大人です。今度は私たちが仕事をしなくてはいけません。これからはもう二度と父さんを仕事に出すようなことはしません。食事の支度だけをしてくれたら、それで十分ですから」と。その後、アイとニーは父親を大切にし、苦労をかけませんでした。家にいて、食事の準備だけをさせました。煮炊きに使う薪さえ、アイとニーが用意したのでした。

そんなある日のこと、突然の大雨で、アイとニーは仕事から戻れずにいました。家で待つ父親は心配でたまらず、何度もドアを開けて、外を見遣りました。何度目かにドアを開けた瞬間、空も地面も一面明るくなるほどの稲光が起こりました。そして、その稲光とともに父親は消えてしまいました。

アイとニーは家に帰ると、父親が家にいないのに気づきました。左右の隣人に尋ねてみましたが、返ってきたのは「知らない」という返事だけでした。仕方なく、アイとニーはシャーマン[55]に尋ねることにしました。シャーマンはこういいました。「子供たちよ、残念だ。おまえたちの父親はもうこの世にはいない。しかしながら、米ぬかを持って川に撒き、止まったところを探してみなさい。父親に会えるに違いない……。」

二人はシャーマンの言いつけどおり、米ぬかを川に撒きました。米ぬかは、ちょうど水深のあるところで、渦を巻いて止まりました。そこで、二人は家からノミやハンマーなどをもち出し、あたりの石を叩いて回りました。しばらく叩いていると、魚が一匹ふらりと上がってきました。二人はすぐに魚を捕まえ、焼いて食べました。そして再び石を叩きました。少ししてまた魚が上がってきたので、二人はその魚も捕まえて食べました。そしてまた叩き続けました。今度上がってきたのは魚ではなく、龍の子[56]でした。龍の子は「おや、

55 ワ語でcaujhai。多くの場合、知識・経験の豊富な古老が担当する。ワ族の占いについては【☞占い】。

56 ワ語でsi.yɔ̱ŋ。水の中にいるとされる精霊。「虹」の意味も表わす。現地では「龍」の対訳をあてることが多いため、便宜的に「龍」と訳した。

水上へ遣った者がいない……。どこへ行ったんだろう？」といいました。アイとニーは龍の子を捕まえて縛り上げ、こう尋ねました。「俺たちの父さんがどこにいるか、早くいえ。いわないとひどいぞ」と。龍の子はこう答えました。「昨日、家畜を供犠したばかりで、頭がまだ露台にある。それがおまえたちの父親かもしれない」と[57]。そういって龍の子は、アイとニーを川の中に導きました。そして、二人に供犠した動物の頭を見せたのです[58]。アイとニーは一目見るなり、それが父親の頭であるとわかりました。そこで、二人は龍の王に、父親のことを償ってほしいといいました。龍の王が、何を望むかと尋ねると、二人は長い刀が欲しいといいました。龍の王は黄金色にぴかぴかと光る長い刀を取り出し、二人に与えました。そして、「おまえたちが橋を渡るときは、くれぐれも刀を引き抜かないように」と忠告したのです。

どのくらい歩いたでしょうか。家に戻る途中、ある橋を渡ることになりました。橋の上に立った時、二人はふと龍の王の言葉を思い出しました。二人は改めて不思議に思い、「どういう意味だ。どうして橋では刀をさやから抜いてはいけないんだ」と口々にいいました。そこで、試しに刀を抜いてみることにしたのです。

二人が刀を抜いた瞬間、刀は四方に光を放ちました。そして、二人の間でばっさりと橋が割れてしまいました。こうして二人は別れ別れになり、互いに違う道を歩むことになったのです。アイは家に戻り、以前と同様の山の暮らしをしました。どんなに一生懸命働いても暮らし向きはよくなら

57 龍にとっての人間は、人間にとっての家畜程度という含意がある。

58 家畜の供犠については【☞牛】。

ず、依然として質素で貧しいままでした。一方、ニーは外で商売を始めました。商売はすぐに軌道に乗り、ゆとりのある生活をおくるようになりました。

月日はあっという間に過ぎました。家を離れて何年になったのでしょうか、ニーはついに帰る機会を得ました。村の入り口にさしかかった時、老いたサルが、地べたでパイプ[59]を吸っているのを見かけました。よく見るとそのパイプは、むかしアイが使っていたものでした。そこで、ニーはパイプを取り上げ、それでサルを殴り殺しました。そして、パイプをもってアイのもとへ向かったのです。

家に着くと、アイはニーに尋ねました。「そのあたりで、おまえの兄嫁を見なかったか？」と。ニーはこう答えました。「見なかったよ。ただ兄さんのパイプを吸っていたサルがいただけ。兄さんのパイプを取り返してきたよ」と。アイはニーの話を聞き、ひどく悲しみ、こういいました。「ああ、その人がおまえの義姉なんだよ！」と。ニーは慌ててアイを慰めてこういいました。「兄さん、どうか悲しまないで。次に戻ってくる時に、改めて嫁さんを探してくるから」と。

次に戻ってきた時、ニーは本当に娘を二人連れてきました。一人はニーの妻であり、もう一人はニーの義姉、つまりアイの妻になる娘でした。

（滄源県にて採録）

59 ワ語で lɔksup。刻みタバコを吸う道具。写真は【☞予兆現象、禁忌】。

意地の悪いアイ

　昔々、両親を早くに失くした兄弟がいました。二人はともに結婚していましたが、家はとても貧しく、財産といえば一頭のコブ牛と一羽の雌鶏があるだけでした。しかし、このような状況にも関わらず､兄のアイは家を分けると言い出しました。牛を自分のものとし、雌鶏をニーの取り分と決めたのです。

　ニーは仕方なく、屋外の囲いで雌鶏を飼いはじめました。ある夜、ニーは鶏の叫び声を聞きました。慌てて表に出てみると、ヤマネコ[60]が雌鶏をつかんで食べていたのです。ニーはヤマネコを捕まえて殴り、こういいました。「おまえが鶏を食べたら、俺はどうやって生きていけばいいんだ。コブ牛も馬もなく、さらに金もない。唯一の財産がこの鶏なのに」と。ヤマネコはニーの話を聞き、自分が過ちを犯したことに気づきました。そこで、ヤマネコはニーを歌の試合に連れて行きました。もし試合に勝ったら、ラバを手に入れることができるというのです。ニーは試合に挑み、勝ってラバを一匹手に入れることができました。

60 ワ語で sua。猫 miɔ とはまったく別の語形式である。

ニーがラバを引いて家に戻ると、隣のアイが家から飛び出してきて、「どうやってラバを手に入れたのか」と尋ねました。ニーからヤマネコが助けてくれたことを聞き出すと、アイは早速、ヤマネコに頼みに行きました。ヤマネコが教えるのを嫌がると、アイはこれに腹を立て、ヤマネコを殴り殺してしまいました。そして、その死骸を集落付近の木の下に打ち捨てたのでした。ニーはこれにひどく心を痛め、ヤマネコの死骸を木の根元に埋めてあげたのです。

ニーはラバで荷物を運ぶ仕事を始めました。少しずつですが、生活にゆとりが出てきました。ある日、ニーは豚を一匹買ってきました。そして豚に餌箱を作ろうと、ヤマネコを埋めたあの木を切り出しました。木を切る手を止め、ふと足元を見ると、舞い落ちた木の葉が紙幣に変わっていました。ニーはその金を拾い集め、完成した餌箱を担いで家に帰りました。アイはまたしてもニーのやり方を真似て、村の外へ行って木を切り、餌箱を作ろうとしました。しかし、木を切ろうと見上げると、大きなヘビがとぐろを巻いていました。アイは魂が飛び出るほど驚いて、家へ逃げ帰ったのです。

ニーの豚は手製の餌箱でえさを食べ、大きくまるまると成長しました。これを羨ましく思ったアイはニーの餌箱を強引に取り上げ、それで自分の豚に餌をやりました。しかし、アイの豚は餌を食べると、すぐに死んでしまいました。アイはまた頭にきて、その餌箱を粉々に叩き割り、炉に放り込んだのです。

数日経っても、アイが餌箱を返してくれないので、ニーは、アイの家に引き取りに行きました。家に入ってようやく、餌箱が壊され、燃やされたと聞かされました。ニーは仕方なく、残った小さい木片を持ち帰りました。その木片で妻に櫛を作ってあげました。

ニーの妻がその櫛で髪を梳かすと、髪が黒々ときれいになりました[61]。アイはまたそれを羨み、ニーの妻から櫛を取り上げました。それでアイの妻が梳かすと、髪の毛がみな抜け落ちてしまったのです。

アイはどうにも納得がいかず、近所の人びとにこう尋ねました。「なぜどんなものでも、ニーが使っている時には宝になり、俺が使うときは何も役にたたず､かえって悪いことがおこるのか」と。近所の人びとは､口を揃えてこういいました。「おまえさんがあくどいからさ！」と。

（滄源県にて採録）

61 ワ族は黒色を好む【☞衣】。

父の残した黄金

アイとニーは､すでにいい歳をした若者でした。しかし、仕事もせず、朝から晩まで食べては眠るという生活をおくっていました。二人は母親と早くに死に別れ、父親も老いて働けなくなっていました。

ある日、父親の病が急変しました。父親は死を悟り、アイとニーを枕元に呼び寄せ、こういいました。「アイ、ニーよ。おまえたちと一緒にいられる時間はもう長くない。すまないが、おまえたちに残してあげるものは何もない。しかし、あの山に黄金が埋めて……」と。父親は遺言が終わらないうちに、息を引き取ってしまいました。アイとニーは父親を埋葬した後、それぞれ鋤を手に、父が最後に指差した山に向かったのです。

山の麓に来ると、二人は口々にいいました。「一体どこに埋めてあるんだ？」と。どちらも肝心の父親が黄金を埋めた場所を知らなかったのです。仕方なく、山の麓からてっぺんに向けて、地面を掘り返していくことにしました。

どれだけ掘ったでしょうか。掘っても掘っても何も出てきません。周囲をぐるりと見回すと、ほかの家で撒いた作物が、青くつやつやしているのが目に入りました。兄弟は、これを羨ましく思いました。そして、翌日、山を掘りに行く際に、家にあった穀物の種を持って行き、掘り返したところに撒いておきました。そしてまた黄金を探し続けたのです。

時が過ぎ、作物もだんだん大きくなりました。アイとニーの掘り返した面積も広くなっていきました。すでに穀物の種をまいた麓の土地を眺めることもできないほどのところまで上がってきていました。

ある日、二人は手を止めて、周りを見渡しました。すると、他人の土地の作物が、一杯に実っているのに気づきました。兄弟はやる気が萎え、黄金への興味が失せてしまいました。そして、鋤を担いで山道を下りました。山の中腹まで下りて来た時、ふと最初に種を植えた土地に目を遣りました。すると、二人が撒いた穀物がりっぱに成長し、一面黄金色になっていたのです。兄弟は驚いて目を見開き、こう叫びました。「これが父さんのいっていた黄金だったのだ！」と。

（滄源県にて採録）

道理のわからない子

あるところに、まだ物心のつかない子[62]を抱えた未亡人がいました。子供はまだ幼く、本当に何もわかりませんでした。

ある日、子供は外で縫い針を一つ拾いました。その縫い針を拾って帰り、母親に渡し、こういいました。「ママ、外で拾った針だよ」と。母親は針を受け取り、子供を褒め称えました。「私の可愛い子。よく知っているわねえ。外で針を拾ってママにくれるなんて……」と。

その１年後、子供は外で、今度は鶏を一羽みつけました。早速、鶏を捕まえて持ち帰り、母親に渡し、こういいました。「ママ、外で見つけた鶏だよ」と。母親は鶏を受け取り、また褒めてこういいました。「えらい子ね。本当にものわかりがいいわねえ。外で鶏をみつけて、家に持って帰るなんて……」と。

さらにその１年後、子供が外を歩いている時、他人の畑のスイカが、大きくたくさん実っているのをみつけました。早速、スイカ畑に入って、スイカを一つ抱えて家に持って帰りました。家につくと母親に差出して、こういいました。「ママ、

62 原文では kɔndoi（「孤児」）となっている【☞孤児】。

外で見つけたスイカだよ」と。母親はスイカを受け取り、また甘やかしてこういいました。「よい子、よい子。外でみつけたスイカを、ママに持ってくるなんて」と。

また1年の後、子供は山で他人の家の子供が、コブ牛の群れを放牧しているのをみつけました。そして、そのコブ牛を一頭連れて帰り、こういいました。「ママ、外で見つけたコブ牛だよ」と。母親はコブ牛を見て、大変に喜んで褒め言葉をかけました。「本当によい子だわ。コブ牛をみつけて連れて帰ってくるなんて！」と。

時が過ぎ、子供は大人になりました。ある時、村で喧嘩をおこし、相手を殴り殺してしまいました。「人を殺したら、命をもって償わなくてはならない。」これが道理というものです。村人たちは彼を縛りあげ、首を切ることにしました[63]。そして、まさに首を切ろうとしたとき、「死ぬ前に、母さんのおっぱいが飲みたい」といい出したのです。そこで、村人は子供の母親を呼んできました。

母親がやって来て、乳をくわえさせると、子供は母親の乳首を噛み切りました。そして、周りの者にこういったのです。「まだ幼かった頃、母さんはあまり教育してくれなかった。今日死ぬのは、母さんの甘やかしと無関係ではない。だから、親子は一緒に死ぬ必要がある」と。そういい終わると、村人に自ら首を差し出しました。

（滄源県にて採録）

63 懲罰として首狩りがおこなわれることがあった【☞首狩り】。

ぶつぶつのアイ・ライ

昔々、アイ・ライという孤児がいました。身体中にぶつぶつ[64]があったので、人びとから「ぶつぶつのアイ・ライ」と呼ばれていました。アイ・ライは身寄りもなく、頼るものもありません。皆から疎まれ、村はずれのあばら家に住まわされていました。

ある時、イーという名のお金持ちの家の娘が、アイ・ライの家のすぐ下にある池で、服を洗っていました。アイ・ライは、ちょうどイーが洗濯をしている上で、果物[65]にかぶりついていました。イーの存在に気づくと、アイは果物に自分の精液を塗り、そっと池に落としたのです。イーは果物が流れてくるのをみつけ、拾って食べてしまいました。

ほどなくイーは身ごもりました。イーの家族は誰の子なのかと聞きましたが、イー自身よくわかりませんでした。イーは男の子を産みました。子供も少しずつ物心がついてきました。そこで、イーの家族は、誰が娘を妊娠させたのか、誰が子供の父親なのかを知るために、御馳走を作って村人全員をもてなすことにしました。

宴会の最中、家族は子供に飯を一握りつかませて、人びとの間を連れて回りました。しかし、子供は誰にもその飯を渡そうとしませんでした。家族は周りを見回し、ようやくアイ・ライを呼んでいないことに気づきました。そこで､急いでアイ・ライを呼びに行かせました。

アイ･ライが到着すると、子供はこれを出迎え、

64 天然痘の跡を指すものと思われる。

65 ワ語で pliʔmakkɔk という果物。卵型で果肉が硬く、やや酸っぱい。漢語で「多衣果」とも呼ばれている。

飯を渡したのです。なんと父親はアイ・ライだったのです。金持ちはこれに腹を立て、こういい放ちました。「貧乏人がなんてことを……。どうやっておまえに嫁がせろというのだ！　二人揃って出て行け！」と。こうしてイーは、アイ・ライと村の外に住まざるを得なくなったのです[66]。

二人は一緒に暮らすようになりましたが、イーはアイ・ライと、一向に口をきこうとしませんでした。アイ・ライは、妻のこの様子が気になっていました。そこで、ある日、石を二つ使って鍋置き[67]を作り、食事を作ろうとしました。これでは何度やっても鍋はひっくり返り、水がこぼれてしまいます。この様子を見たイーは笑い出し、アイ・ライをこう罵りました。「あなたはなんでそんなにバカなの！　二つの石でどうやって支えるつもり？　ほかの人が石を三つ使っているのを、みたことないの？」と。この言葉にアイ・ライはがっかりするどころか、大いに喜びました。そしてこう叫んだのです。「ハハハ。嫁さんがついに口をきいてくれたぞ！」と。

またある日のこと、イーはアイ・ライが何もしないでいるのをとがめ、こう罵りました。「どうしてそんなに怠け者なの。ほかの人はみな忙しく畑仕事しているっていうのに、あなたは毎日毎日家にいてばかり。草刈りもしないつもり？」と。アイ・ライはこれを聞き、飛び跳ねんばかりに喜び、こういいました。「今日は嫁さんが話しかけてくれたぞ。畑に行くことにするよ」と。

次の日、アイ・ライは山に行き、草を刈って畑を開きました。しかし、翌日行ってみると、前の

66 村の構造については【☞住】。

67 鉄瓶などを置く五徳に相当。かつて石を3つ並べることで作られていた。

日に開墾した土地が、一面の草むらに戻っていました。そして、開墾してもその翌日にはまた荒れ地に戻っているということが続きました。アイ・ライは、これに腹を立てました。そこである日、仕事を終え、荷物をまとめて帰るふりをし、こっそりと近くの藪に身を潜めたのです。

夜が更け、月が輝きを増しました。その時、どこからか一匹の老猿が出てきました。そして、楽器[68]を大事そうに取り出し、こう奏でました。「グルングルン。草よ、伸びよ。グルングルン。木よ、大きくなれ」と。すると不思議なことに、刈ったばかりの草木が再生していきました。アイ・ライはこれをみて、非常に腹を立てました。草むらから飛び出し、こう叫びました。「おまえだったのか！」と。アイ・ライは猿にその不思議な楽器を使って、全身のぶつぶつを消すように命じました。猿はいわれるままに、アイ・ライのぶつぶつを消し去りました。アイ・ライはこれに満足し、急いで家に帰りました。

アイ・ライは家に着くと、妻にドアを開けるように声を掛けました。妻はアイ・ライに、壁の隙間から手を差し出すようにいいました[69]。アイ・ライはいわれたとおり、手を差し出しました。妻はその手をさすり、すべすべで柔らかいと感じました。そして、「あなたは夫ではない。夫ならば手にぶつぶつがあるはずだ」といいました。アイ・ライは妻に、畑で起こったことを話して聞かせました。しかし、妻はこれを信じようとしませんでした。仕方なく、アイ・ライは畑に戻り、猿にぶつぶつを再生させました。そして、ついでに楽器

68 ワ語で kroŋkrɯ̱m。どのような楽器かは不明。

69 家屋の壁は竹編みであるため、隙間がある【☞住】。

を奪い取り、家に戻りました。こうして、ようやく妻は彼を夫だと認め、ドアを開けたのでした。

次の日、アイ・ライは木を切り、豚小屋、鶏小屋、牛小屋を作ることにしました。作り終わった小屋を家の周りに並べました。すると、人びとはアイ・ライのしていることを冷ややかな目で見ていました。そして、「貧乏人があんなことをしているよ。いったいどう使おうというのかね。入れる動物もいないのに」と、ささやき合いました。アイ・ライは小屋を並べ終わると、例の楽器を取り出しました。大事そうに叩きながら、こう叫びました。「コブ牛、水牛よ。出ておいで。豚、犬、鶏よ。出ておいで」と。すると、耕畜、家禽[70]が突如現われて、アイ・ライの作った小屋の中に駆け込みました。

70 mɔ̱ikrak（mɔ̱i：コブ牛、krak：水牛）という複合語を「耕畜」、ʔiasim（ʔia：鶏、sim：鳥）という複合語を「家禽」と訳した【☞言語にみるパラレリズム】。

次の日、村人は飲み水が濁っているのを発見しました[71]。水源のほうに人を遣って調べさせると、アイ・ライの家畜が、水浴びをしているということでした。「あんな貧乏なやつがそんなことを……。一体どこで家畜をみつけたんだ？」と、村人は不思議に思いました。

71 竹を継いだ樋で山から水を引く【☞住】。

ある日、アイ・ライは御馳走を作り、村人をもてなしました。村人には豚肉、牛肉、鶏肉などを料理し、歓待しました。義父義母には特別な料理を用意しました。それは野菜だけの粗末な料理でした[72]。

この物語は、貧乏人や孤児を見下してはいけないということを教えてくれるのです。

（滄源県にて採録）

カオロンカンコー氏の話

カオロンカンコー氏[73]は金持ちです。ある家の娘で、イェという名の女を妻に娶りました。

二人には、アイという子が一人いました。彼らは、イーというイェの妹を、アイの子守りにしていました。イーは彼らの家に暮らすうちに、だんだんとカオロンカンコー氏のことが好きになってしまいました。そのため、イーがアイを背負うたびに、彼女はアイのお尻をつねってアイを泣かせるのでした。もちろん、イェがアイを抱くとアイは何ともありません。

ある日、イェとイーは一緒に畑へ行きました。イーはアイを背負って行き、イェは籠に物を背負って行きました。池のそばを通りかかると、きれいな花が咲いているのをみつけました。花が一輪、高い木の枝に咲いています。池の端にやってきたとき、イーはまたアイのお尻をつねって、彼を泣かせました。イェは、アイの泣く訳を尋ねました。イーはこういいました。「アイは、あの高い所の花が欲しくて泣いているみたい」と。そこで、イェは花を採るために木に登りました。彼女がもう少しで木の枝に届くというところで、イーは斧を

72 ワ族にとって御馳走といえば肉料理である。

73 この名前の由来については不明。

籠から取り出し、その木を切ってしまいました。木が倒れ、イェはその池の中に落ち、死んでしまいました。イェが死んだので、イーがカオロンカンコー氏に嫁ぐことになったのです。

ある日、カオロンカンコー氏のコブ牛を放牧する下働きの子供たち[74]は、放牧地で奇妙な鳥の声を聞きました。「オーイ、コブ牛、水牛を放牧している子供たちよ。私のアイは元気にしていますか……」と。子供たちは鳥の声をずっと聞いていて、放牧から戻るのが遅れてしまいました。カオロンカンコー氏は、なぜ帰りが遅くなったか尋ねました。子供たちはこう言い訳をしました。「ずっとお互いのシラミを探していた」と。

翌日、カオロンカンコー氏は彼らの頭を剃り、また放牧に行かせました。子供たちがコブ牛を放牧していると、またあの鳥の声が聞こえました。「オーイ、コブ牛、水牛を放牧している子供たちよ。私のアイは元気にしていますか……」と。子供たちは再び帰りが遅くなってしまいました。カオロンカンコー氏は、遅れて帰った理由を尋ねました。子供たちは、ずっとお互いのノミを探していたのだと答えました。

翌日、カオロンカンコー氏は彼らに新しい服を着せ、放牧に遣りました。この日も、子供たちはあの鳥の声を聞いていて、帰りが遅くなってしまいました。カオロンカンコー氏は、彼らを問い詰めました。彼らはどう言い訳をしたらいいかわからず、ついに山での不思議な出来事を話したのでした。

次の日、カオロンカンコー氏は、鳥を見に連れ

74 子供が貸借の抵当として売り買いされ、下働きとなることがあった【☞孤児】。

て行くよう命じました。すると、カオロンカンコー氏も、例の鳥の声を耳にしました。彼は鳥に向かってこう叫びました。「きれいな鳥よ。下りてきて、ここに、私の肩にとまっておくれ」と。鳥は本当に下りて来て、彼の肩にとまりました。カオロンカンコー氏はその鳥を連れ帰り、下働きの子供たちに面倒を見させたのです。

子供たちがアイを連れてその鳥を見に行くと、鳥はいつもアイの目やにをつついて食べるのでした。アイはその鳥に顔をつつかれるたびに、泣いてしまいます。

下働きの子供たちは、アイが泣くのに耐えられず、とうとう鳥を殺してしまいました。その肉は近所の人びとに少しずつ分けました[75]。しかし、うっかりある寡婦の分を取り忘れたので、彼女には鳥の腿を与えることにしました。寡婦はいつか食べようと思いつつ、その存在を忘れてしまいました。

ある日、彼女は食事の後、鳥の腿があったことを思い出しました。彼女はもう食事をし終わったので、それを棚の中に入れておきました。それ以来、彼女が畑から戻ってくると、食事が準備されているようになりました。彼女はできあがった料理を食べに帰ればよくなりました。彼女は食事をするたびに、外に向かってこう叫びました。「私に食事を作ってくれた人、一緒に食事をしに来てください」と。この声を聞き、村中の人はこうささやき合いました。「なんて馬鹿な寡婦だ。食事を作ってあげるお人よしなんかいるものか」と。

その後も食事はいつも準備されていましたが、

75 家畜などを屠殺した場合、隣近所に肉を少しずつ分けるという習慣がある。

相変わらず食べ物を作ってくれる人がわからずにいました。寡婦はこの件について、人びとが陰口をしているのを知りました。彼女はそれに耐えられなくなりました。

ある日、人びとが畑に出かける頃、寡婦はドアを閉め、屋根裏に身を隠しました。家の中の動静を探ることにしたのです。

昼下がり、寡婦が鳥の腿を置いた棚の中から女が現われ、椅子に座って髪を梳かし始めました。寡婦は屋根裏から飛び降り、彼女にこういいました。「おまえだったのか。陰口の原因となったのは！」と。寡婦はその女をよく見ました。非常に美しい娘で、まるで龍の娘のようでした[76]。寡婦はその女を引き取ることにし、イェという名をつけました。

寡婦とイェは一緒に暮らすようになりました。村の人びとはイェの美しさを噂しました。カオロンカンコー氏がその噂を聞きつけ、寡婦の家に見に来ました。その女の顔は、以前の彼の妻の顔にそっくりでした。カオロンカンコー氏は彼女を嫁に欲しいといい出しました。寡婦はこう答えました。「私の子を娶りたいのなら、あなたたちの家から私たちの家までの道に黄金を敷いてください」と。カオロンカンコー氏は寡婦のいうとおり、道に黄金を敷き詰めました。そして、寡婦のところのイェを娶ったのです。

イェがカオロンカンコー氏の家にやって来ました。イーはイェの美しさをひどく羨み、こう尋ねました。「一体あなたはどうやってそんなに美しくなったの」と。イェはこう答えました。「大鍋

76 人間界にはないほどの美しさという含意。

で水を沸かして、湯が沸いた後、その中に入るの。そうやって私はこんな柔らかな肌になったのです」と。

イーはイェの言葉に従い、せっせと大鍋に水を沸かしました。湯が沸いた後、彼女はその中に身体を沈めました。案の定、イーは死んでしまいました。こうして、イェは再びカオロンカンコー氏の唯一の妻になったのです。

（滄源県にて採録）

トエの話（1）

トエ[77]はどこに行っても人を騙します。人びとは、彼の嘘に備えていても、やはり騙されてしまいます。彼の嘘は、時には良い嘘、時には悪い嘘です。

ある時、トエがあまりに人を騙してばかりなので、村の人は彼を捕まえ、生木に縛り付けて川に流そうとしました。人びとがトエを、水の中に投げようとすると、彼は「ハハハ」と笑い出し、こういいました。「おまえたちは、本当に何でそんなに頭が悪いんだ。生きた木と共に流したら、私も息があるままじゃないか。どうせなら、死んで乾いた木と流すべきだろう」と。人びとは、トエの言葉をもっともだと思いました。そしてトエを生木から外し、乾いた木に縛り付け、川に流したのでした。

こうして、トエは水に沈むことなく川を漂い、下流に行きついたところで、木から抜け出すこと

77 ワ語で thɔi。タイヌー語 thɔi5（下賤の者）に由来する可能性がある。

ができたのです。

（滄源県にて採録）

トエの話（2）：砂が燃える

ある時、村の中に一人の孤児がいました。彼の財産は子馬一頭のみでした。ある金持ち[78]が、この子馬を非常に羨ましく思い、何とか手に入れられないかと考えました。しかし、いくら考えても、その子馬を取り上げるよい方法が思いつきませんでした。

ある日、金持ちは孤児にこういいました。「この子馬は、実は私のものなのだ。その昔、おまえの父親に貸し与えていたのだよ。だから、今日家へ連れて帰ろうと思う」と。孤児は、金持ちの話を信じませんでした。子馬は決して金持ちの家のものではない、絶対渡さないといい張りました。

すると金持ちは、「子馬は自分のところのコブ牛が産んだものだ」といいました。二人はどちらも譲ろうとしませんでした。そこで、村の人に集まって調停してもらうことになったのです。

調停の日、村人は調停役の家に集まりました。しかし、トエだけが来ていませんでした。いくら待ってもトエは一向に現われません。村人は待ちくたびれました。太陽が山を食む頃[79]になって、ようやくトエがやってきました。トエは、汗で全身を濡らしていました。

村人はトエに対し、あれこれといい出しました。すると、トエはこう答えました。「いやあ、私は

78 このような裕福層はチャオミー［佤：caumi̱（cau：主、mi̱：豊かな）］と呼ばれる。経済力を背景に、村の中で一定の発言力をもつ。ワ族の民話中では批判的に扱われることが多い。

79 日没を指す。

あっちの川辺で、ずっと砂が燃えるのを見ていたんですよ……」と。トエが話し終わらないうちに、金持ちがこういい放ちました。「この嘘つきのトエ。どこに燃える砂があるというのだ！」と。

トエは金持ちの言葉を聞き、すぐにこう答えました。「砂が燃えないなら、どこのコブ牛が馬を生めるんですか？」と。金持ちはトエの話を聞き、返す言葉がなくなってしまいました。ただ顔を地面に向けるのみでした。多くの人が話し合おうとしていたことは、トエのたった一言で終わってしまったのです。

（滄源県にて採録）

トエの話（3）：神の棒

ある年、村はひどい凶作に見舞われました。凶作による飢えをしのぐために、人びとは、木の皮や草の根を食べるしかありませんでした。しかし、そんな中でも、金持ちの家だけは、冷たい水や美味しい食べ物を絶やすことがありませんでした。毎日、豚肉や鶏肉も欠く日がありませんでした[80]。

「何とかして村の人を助けなくてはいけない」と、トエは考えました。そこで、トエは家に残っていた雌鶏を殺し、肉を二つに分けました。それを芭蕉の葉できれいに包み、夜が更けた頃、そっと金持ち家の露台の下に埋めたのです。

翌日、金持ち一家は露台で食事をしていました。すると、トエが肩掛けカバンを背負い、棒を持ってやって来ました。そして、露台の下の地面を棒

80 ワ族にとって、肉は御馳走の代名詞である。

でつつき、何かを見つけ、それを肩掛けカバンの中に詰めるふりをしました。

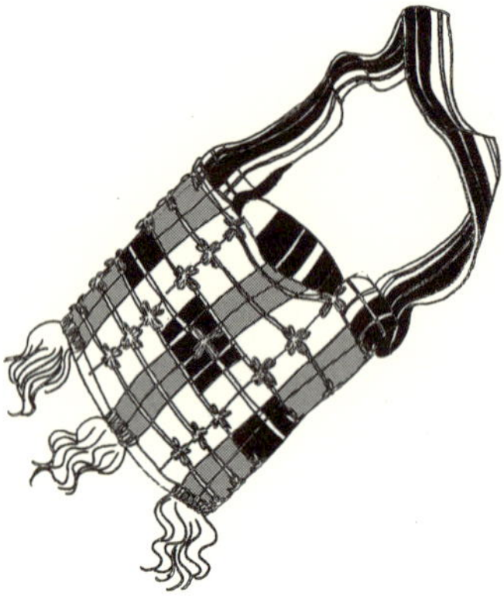

金持ちはその様子を見て、不思議に思い、露台から下りて尋ねました。「トエよ。おまえはそこで何をしているんだ」と。

「ああ、お金持ちさん。私はいいものを探しているんですよ」トエはこういい終わると、また棒で地面を掻き始めました。そして、棒に耳をあて、腰を下ろし、再び地面を掻いて、土の中から芭蕉の葉の包みを取り出しました。

金持ちはトエに走り寄り、一体何事かと確認しました。すると、トエが芭蕉の包みを開けるのが目に入りました。包みの中は鶏肉でした。トエは鶏肉を、大事そうに肩掛けカバンに入れました。そして、再び棒で地面を掻き、耳を棒につけ、音を聞き、腰を下ろし、また包みを一つ取り出したのです。

金持ちはひどく驚き、ただ目を丸くし、トエから棒を取り上げ、こういいました。「これは何だ。

どうしてそんなことができるんだ」と。

「お金持ちさん、それは神の棒なんです。返してください。私はまだいろいろ探すんですから」と、トエは答えました。すると、金持ちは「神の棒だというなら、それは金持ちが持つべきであろう」といいました。トエは「これは私が生活するための道具です。手放すことはできません」と答えました。

金持ちは「それなら、おまえの欲しいものを何でもやろう」といいました。トエは少し考えて、「お金持ちさんが本当に欲しいというなら、仕方がありません。米と交換しましょう」と答えました。金持ちはそんなことならと、よろこんで米を与えました。

トエは村人に手伝わせて、米を担いで帰りました。トエは貧しい人にその米を分け与え、飢えをしのげるようにしてあげたのでした。

（滄源県にて採録）

トエの話（4）：銀を排泄する馬

トエの大きな白馬は、年を取ってしまいました。売ろうにも誰も買ってくれません。

ある日、彼が村の広場に行くと、村の金持ちが歩いているのを見かけました。トエは金持ちが彼の家にやってくるとみて、家にあった銀の塊[81]を2、3持ち出し、馬の尻の下に置いておきました。そして金持ちがトエの家にやってくると、トエは棒で、馬の尻の下を掻いて銀を拾い上げました。

81 銀については【☞鉱山と漢族移民】。

金持ちはそれを見てひどく驚き、「何をしているのだ」と尋ねました。トエは、「馬が排泄した銀を拾っているところです」と答えました。そして、「見て下さい。この真っ白な銀を」と、彼は銀を金持ちの方につまみ上げました。金持ちはその銀を見て、あっけにとられました。

金持ちは羨やましく思い、こう尋ねました。「その馬は毎日そうやって銀を排泄するのか？」と。「そうです。」とトエは答えました。金持ちは、「おまえは馬に、何を食べさせているんだ」と聞きました。「草だけです」と、トエは答えました。

金持ちは堪らなくなり、「よし。私に売るんだ」といい出しました。トエは「駄目です。これは私の幸運を運ぶ宝物なんですから」と答えました。すると、金持ちは、「このバカめ。いくら欲しいんだ。すぐにやるぞ。私の話を断るなよ」と脅すようにいったのです。

トエはしばらく考え込む振りをし、さも渋々といった感じでこういいました。「金持ちのあなたが馬を欲しいといい張るなら、私にはどうしようもありません。では、馬の代わりに銀をください」と。金持ちは、「良いだろう」と答え、トエにたくさんの銀を与えました。

金持ちが馬に乗って立ち去るのをみて、トエもまた村を離れました。金持ちから騙し取った銀を元手に、別の場所で人を騙そうと考えたのです。

（滄源県にて採録）

トエの話（5）：水牛の頭を売る

トエは帰る家も村もない者です。どこかで何か起これぱそこに自ずと現われるという具合でした。

ある日のこと、一軒の家で水牛を屠殺しました。トエはこれを聞きつけ、その水牛の頭を買い取りました。それから、トエは水牛の頭をもって市場に向かい、道路脇の水たまりの中に浮かべ、縄で繋いでおきました。

しばらくすると、ある村の一群が、ラバと交換で水牛を得ようと市場へやってきました。水田を掻き均すために、水牛が必要なのです。水たまりのそばにやってくると、トエが繋いでおいた水牛の頭に目がとまりました。それは逞しい、去勢牛[82]でした。村人たちはこれが大層気に入り、トエに交換してほしいと申し出ました。トエは喜びを噛み殺しつつ、自らの水牛を褒め、換える気はないといいました。村人たちはその水牛がますます気に入り、トエに何とかならないかと頼み込みました。そして、お金を加えることでようやく交換してもらえることになったのです。

トエは村人にこう付け加えました。「この水牛は、今日はとても疲れているので、すぐには動かさないほうがいい。もうしばらく、太陽が沈むころまでそっとしておいたほうがいいです。涼しくなってきたら自分から出てくるはずだから」と。トエは話し終えると、お金を手に、ラバにまたがって去って行きました。

太陽も間もなく沈もうとしています。村人は水

82 従順にするため去勢をおこなう。

牛が水から上がるのを待っていました。しかし、いくら待っても水牛は出てこようとしません。村人はじれったくなって、縄をえいと引っ張りました。すると頭だけが上がってくるではないですか！　この時、村人たちはようやくトエに騙されたことに気がついたのでした。

（滄源県にて採録）

トエの話（6）：老婆を騙す

ある日のこと、トエが市場に向かっていると、老婆がバナナを売りに行こうとしているのに出くわしました。トエはそのバナナをみて、羨ましく思いました。そのバナナを食べたいと思いました。そこで、老婆に荷を担がせてほしいと願い出ました。

トエは荷を担ぐと、老婆を追い越して前に出ました。しばらくすると、老婆が見えなくなったので、トエは道を離れてバナナを貪り食べました。そして腹一杯になると、ほとんど空になった籠を再び背負いました。

老婆が追い付くと、トエはこういいました。「お婆さん、お婆さん。急にお腹が痛くなりました。ちょっと用を足しに行ってくるので、先に行っていてください。後を追いかけて、また手伝いますから」と。こういい終わるや否や、トエは道を逸れ、走って行きました。

老婆はバナナを背負って歩き出しました。背中が何も背負っていないように軽いとは思いましたが、それほど気にとめませんでした。市場に到着し、さあバナナを売ろうと籠をのぞきました。すると、ほとんど空っぽで、2、3本残っているだけでした。老婆はようやくトエに騙されたことに気がついたのです。

（滄源県にて採録）

トエの話（7）：ズボンを盗む

ある日のこと、金持ちが新しいズボンを履いて歩いていると、トエとすれ違いました。トエの目がズボンにくぎ付けなのに気づき、金持ちはこういいました。「なんだ、このズボンが羨ましいのか？」と。

トエは笑って頷きました。

「じゃあ、盗めたらおまえにやるよ。」金持ちはこういい放ちました。

それからというもの、金持ちは盗まれないようにと、毎日毎晩そのズボンを履き続けました。こうすれば、トエも手が出せないだろうと考えたのです。

ある晩のこと、いつものように金持ちがズボンを履いたまま眠っていると、どこからかトエがそっと近づいてきました。トエは金持ちの尻の下に皮を剥いたバナナを押し込み、物陰に隠れました。しばらくすると、金持ちは尻のあたりが何やらねばねばとするのを感じ、目を覚ましました。手で触ると、尻のあたりが汚れていました。さては酔っぱらって漏らしてしまったのかと、寝惚けながらズボンを脱ぎました。トエは金持ちが再び眠りにつくのを見届け、まんまとズボンを盗むことに成功したのです。

明るくなり、金持ちはズボンを履いていないことに気がつきました。慌てて飛び出すと、家の外を、あのズボンを履いたトエが歩いているではないですか。金持ちはようやく騙されたことに気づいたのでした。

（滄源県にて採録）

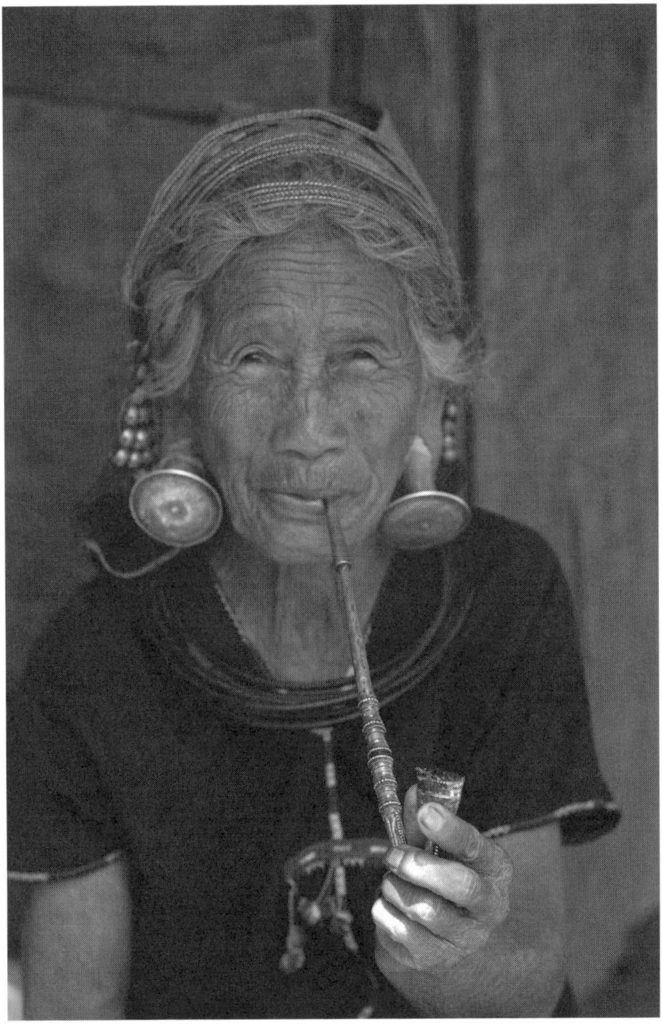

ワ族を知るための21章

三千年以上前のものとみられる壁画（滄源県）。ワ族が描いたものと推定されている。

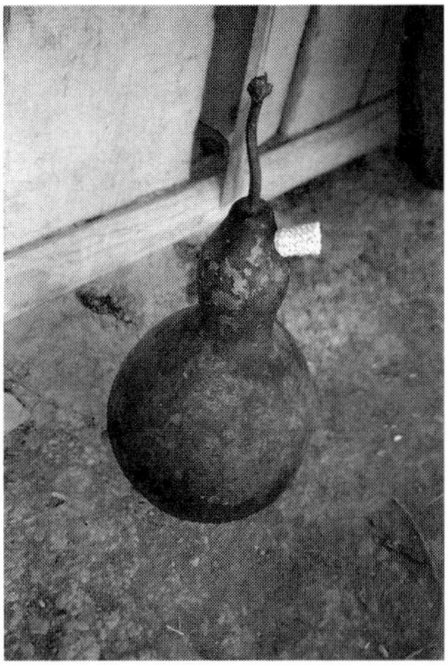

穀物の種を保存してある瓢箪

スガンリ

スガンリ［佤：si.gaŋ li̱h］（漢族は司岗里などと訳す）とは、一般にワ族に伝わる天地創造､人類起源の神話のことを指す。si.gaŋ li̱h の li̱h は「出る」の意味である。si.gaŋ についての解釈は地域によって様々であるが、一般に滄源地域においては「瓢箪」、西盟地域においては「洞窟」であると解釈されている。前後の文脈を補って逐語的に解釈するならば、スガンリとは「人間の誕生したところ」ということになるだろう。

ワ族の文化を語るのに､スガンリを避けて通ることはできない。それは、スガンリがワ族の宇宙観、世界観、人生観、歴史観そのものだからである。「昔々、人間がスガンから出てきた頃……」などといった独特の調子で始まり、世界の千変万化すべてが人間の誕生した時代を起点に語られる。そして、おそらくは、本書に採録された動植物の由来譚をはじめ、自らの集団が代々経験してきた歴史的事象、文化的活動の意義などについても、スガンリと結びつけて語る、というのが本来の伝承スタイルであったと推測される。

本書で紹介したスガンリでは、長男がワ族、次男がラフ族、三男がタイ族、四男が漢族というものであった。しかし、次男以下は語り部によって少しずつ異なるようである。《民族问题五种丛书》云南省编辑委员会编

タイ族の女性（滄源県）

(1983b:158-209) に記載されたスガンリ（同じく西盟県で採録）では、長男ワ族のあと、次男漢族、三男ラフ族、四男タイ族となっている。NyiGa (1988:58) の報告するスガンリ（おそらく瀾滄県で採録）では、長男ワ族、次男白人、三男タイ族、四男漢族、五男ビルマ人、六男ラフ族、七男ジンポー族［漢：景颇族］となっている。これが地域性に起因するものなのか個人的な習慣なのか、現時点では判断するほどの材料が揃っていない。それゆえに、それぞれの土地への入植の順序といった歴史的事実を反映しているのかという点についても、軽々に論ずるわけにはいかない。

ちなみに、スガンリを瓢箪と解釈する地域においては、人間が瓢箪から出る場面を後段とするような異伝も観察される。例えば、尚(1990:35-38)の記録したスガンリでは、未曽有の大洪水に見舞われて、男一人と雌のコブ牛のみが生き残る。万物創造の主モイックの勧めで男とコブ牛が結ばれ、やがてコブ牛が瓢箪の種を産み落とす。一方、韩（2007:12-13）の報告するスガンリでは、洪水を生き延びたのは万物創造の主モイックと雌コブ牛であり、やはり瓢箪が産み落とされる。このような洪水や瓢箪をモチーフとした創世神話は、華南諸民族に広く伝わっており、その由来や要因について様々に想像が掻き立てられる。Obayashi（1966）は、このような地域的な特徴を踏まえ、瓢箪起源のスガンリは、タイ系民族からの影響による後発的な形態、洞窟起源のスガンリがより古い形態と分析している。

この原初的なモチーフである洞窟は、現ミャンマー領のロイムー［佤：

ラフ族の女性（西盟県）

lɔimu］と呼ばれる山の麓にあると伝えられている。Scott ほか（1900:496）や Pitchford（1937:223）の記載では、ロイムーの山頂には Nawng Khio という聖なる湖があり、YaTawn と YaTai というワ族の始祖は、そこでオタマジャクシとして生活を始め、カエルを経て、化け物の姿で洞窟生活を始めたとされている。これは洞窟解釈のスガンリよりも、さらに原初的な人類起源神話といえるかもしれない。なお、ワ族の故地ともいえるこのロイムー一帯は、まったくの未開放地域であり、立ち入ることができない。

このように、スガンリには多くの「亜種」が存在する。どのようなスガンリを聞くことができるか、これは各地を調査して歩く楽しみでもある。

ワ族の子供たち

名づけ

ワ族には、現在、次の2つの方式による命名が認められる。どちらが選択されるかには地域性が認められる。

■「長幼の順序＋α」方式

この命名方式は、長幼の順を表わす形式に任意の一要素が続くというものである。以下、パラウクというワ族最大の支系の事例を挙げる。

長幼の順序：男女それぞれに呼び方がある。

ʔai「長男」、ɲi「次男」、sam「三男」、sai「四男」、
ŋauʔ「五男」、lok「六男」、cɛt「七男」、pɛt「八男」……
yeʔ「長女」、ʔi「次女」、ʔam「三女」、ʔok「四女」、
ʔiat「五女」、voʔ「六女」、ʔip「七女」、ʔuc「八女」……

この長幼の順序に関わる語彙については、明らかにタイ系言語との関係が推定される。長幼の順序に続くαの部分には、出生日の十干や十二支があてられることが多い。

生け捕りにされたフクロウの仲間

十干：kap、nap、rai、mɤŋ、plic、kat、khuat、roŋ、tau、ka

十二支：caɯ、plau、ɲi、mau、si、sɤ、si.ŋa、mon、san、rau、met、kaɯ

（十二支に中国語の直訳をあてる場合もある。子：kiaŋ「鼠」、牛：mɔi「（コブ）牛」、虎：si.vai「トラ」など）

十干や十二支といった概念はもちろんワ族にもともと存在したものではない。これも、おそらくは、タイ系民族を介して入ってきたものと思われる。つまり、この命名方式は、外部からの影響によって成立した可能性が高い。実際、滄源地域をはじめとするタイ系民族との接触地域に、広く認められる。起源の問題はさておき、この2つ要素を結合し、例えば、ɲikhuatならば十干でkhuatの日に生まれた次男、yeʔplauならば十二支でplauの日に生まれた長女ということになる。

また、十干や十二支のかわりに、出生日にあった出来事や父母の願いなどを込める命名もおこなわれている。例えば、夜中に生まれたことからyeʔbo（bo「夜間」)、「岩」のように強くなってほしいとの願いからsairaŋ（raŋ「岩」)、といった具合である。ちなみに、私のワ名はɲisaŋ（ニサン）であるが、saŋは「象」であり、一家を支えるよい働き手になれとの願いが込められている。日本語にするならば、さしずめ「象次郎」といったところだろうか。

キョンの内臓を燻製にする二人のアイ

このように本名は普通、2つの要素からなるのであるが、日常生活では、最初の一要素だけで呼び合う習慣がある。つまり、ʔaikhuat も ʔairai も ʔairaŋ も、村の6人に1人くらいはみな ʔai と呼ばれることになる。「さっきアイが呼びにきたぞ」といわれても、外部者には、誰のことなのかさっぱりわからないといった状況がよくおこる。

今日、この命名方式をとる地域においては、氏族名を姓として名乗ることもおこなわれている。例えば、si.nɛʔ 一族は「肖」や「魏」、yauŋkauɯŋ 一族は「田」、saisɔ 一族は「趙」という漢姓に置き換えられる。すなわち、ワ族としての氏名が ʔaisan si.nɛʔ（十二支 san の日に生まれた si.nɛʔ 家の長男）であれば、その漢語名は「肖岩三」ということになる（当地の漢語方言で、「岩」は ai と発音される）。これは建国後、少なくともこの50年ほどの間に広まった新しい習慣であることは間違いない。

■ 父子連名方式

父子連名とは、父親の名が子の名の一部として受け継がれていくという命名方式のことである。この父子連名という方式は、イ族やハニ族などチベット・ビルマ系民族に広くみられる。ワ族に認められる連名制は、父の名の前要素（≒音節）を、子の名の後要素（≒音節）として受け継ぐというものである。以下に、西盟地域における事例を挙げる（《民族问题五种丛书》云南省编辑委员会编 1987:33-34 を改編）。

西盟県の元県長（後列右二）が始めたワ族風情園にて。前列右端が鈴木晋氏（口絵提供）、一人おいて著者。

小馬散村の yɔŋʔau 家

…hauksɔ → klaŋhauk → piɯklaŋ → nipiɯ → chenni…

窩籠村の muiplɔŋ 家

…hauksɔ → klaŋhauk → piɯklaŋ → piŋpiɯ → ʔaspiŋ…

永格来村の yɔŋbre 家

…hauksɔ → klaŋhauk → piɯklaŋ → khespiɯ → phɯnkhes…

小馬散村の yɔŋʔau 一家、窩籠村の muiplɔŋ 一家、永格来村の yɔŋbre 一家は、現在でこそ異なる集落に暮らす別の家であるものの、その名前から piɯklaŋ の時代までは、一つの家族であったことがわかる。このように、父子連名制には、名前によって一族の系譜を伝えるという機能がある。

市の立つ日にだけ現われる歯医者。ここで治療を受けた協力者は調査続行不能になった。

ことばと文字

言語の系統という観点からみると、ワ族のことばはモン・クメール語族に属する。同じモン・クメール語族には、カンボジア語（クメール語）やベトナム語などが含まれるが、離散の歴史が長く、現在では相通じるものではない。ここでは特に日本語話者からみた言語の特徴を述べる。

■ 話しことば

● 音声音韻的特徴

音節は、子音$_1$＋母音（＋子音$_2$）で構成される。母音終わりやh終わりのように、喉から唇まで、息がスムーズに通るかたちで発声される音節を、開音節と呼ぶ。典型的にはta「ター」のようなもので、日本人にもなじみ深いものである。一方、子音$_2$の位置にp、t、k、ʔ（声門閉鎖音）など、息を極端に阻害する音が現われる音節を、閉音節（tap、tatなど）と呼ぶ。日本人には、あまりなじみがないものであるが、例えば「タップ」や「タット」というつもりで、「タッ」で止めればそれらしい発音になる。ワ語はこの閉音節が優勢な言語で、ここに開音節が時々思い出したように割り込んでくる。

また、ワ語の一部の方言は、かぶせ音素を発達させている。「かぶせ音素」

新しく整備された村の学校（滄源県賀孟村）

とは、音節に付与された高／低や強／弱などの対立のことである。タイ語や中国語の声調などがそうである。面白いのは、パラウク・ワ語などの喉頭の緊張／弛緩にもとづく音節の対立（ka ／ ka̱で表記）である。オペラ歌手の「アー」と、ため息の「あぁ」の違いといったら想像しやすいだろうか。

li̱ak	maiʔ	tiʔ	ʔih	ne̱ʔ	mɔ̱i	laih
買う	あなた	自分	食す	肉	牛	か

「あなたは牛肉を買って（自分で）食べたのか？」

個々の発音はさておき、文の聴覚的なリズムは、「たぁっ・タッ・タッ・ター・たぁっ・たぁー・ター」となる。音節ごとに力を入れたり力を抜いたりと、喉が忙しい言語という印象を受ける。

● 文法特徴

ワ語の単語（より正確には形態素）は、li̱ak（買う）、maiʔ（あなた）、ne̱ʔ（肉）など単一の音節からなるものが圧倒的に多い。このような傾向の強い言語を、単音節言語と呼ぶ。それぞれの語に対応する日本語は、いずれも複数の音節（多音節）であることに注意したい。日本語は、多音節が優勢な言語である。

賛美歌を歌う

文の基本的な語順は、動詞＋主語＋目的語である。つまり、「私がアイを叩く（／叩いた）」ならば、tɔk　ʔɤʔ　ʔai（叩く、私、アイ）となる。ちなみに、名詞に「が」や「を」にあたる要素がつくこと（＝曲用）はなく、主語か目的語かは語順によって決定される。例えば、ʔɤʔ（私）とʔai（アイ）の順序を逆にして、tɔk　ʔai　ʔɤʔといえば、「アイが私を叩く（／叩いた）」という意味になる。また、動詞そのものに現在／過去といった時制による変化（＝活用）がなく、tɔk（叩く）はいつもtɔkのまま、文脈によって「叩いた」とも「（いつも）叩く」とも解釈が可能である。このような曲用や活用といった形態変化をもたない言語を、言語学の世界では孤立語と呼ぶことがある。

東南アジア大陸部には、ここに挙げた3つの言語的特徴（かぶせ音素、単音節性、孤立語性）をもった言語が多い。中国語やタイ語、カンボジア語、ベトナム語などがそうである。このほかにも様々な類似点が存在するが、その類似の裏にはどのような要因があるのだろうか。系統的な要因か、接触などによる地域的要因か、はたまた単なる偶然の産物なのか。言語研究の深化は、民族の歴史を紐解くカギとなる可能性がある。

■　書きことば

ワ族は、先祖伝来の文字というものをもたない。しかし、20世紀以降、ワ語を表記するための2通りのローマ字式転写法（通称ワ文字［漢:佤文］）

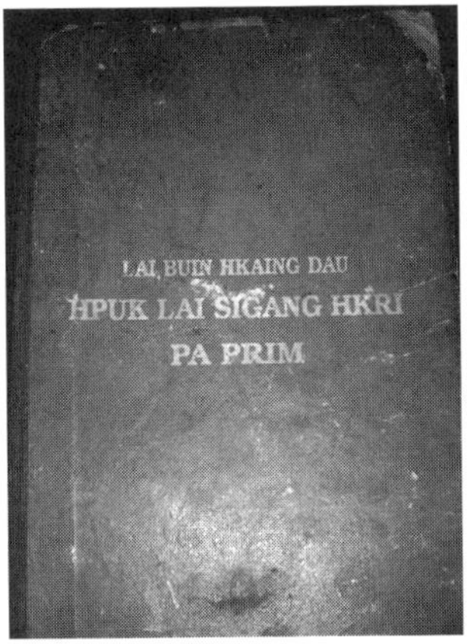

キリスト教ワ文字による旧約聖書

新ワ文字による出版物

が考案されている。

● キリスト教ワ文字

1912年、アメリカ人宣教師 William Young と Vincent Young 父子が滄源地域に入り、布教のために、ローマ字による転写法を考案した。これがキリスト教ワ文字［佤：laisa.la（lai「文字」sa.la「宣教師」)、漢：老佤文］と呼ばれるものである。lai と sa.la は、それぞれタイ系言語とビルマ語からの借用語であり、この名称自体、異文化的な響きをもっている。キリスト教ワ文字は布教のための文字として、主に聖書や賛美歌などの書物に用いられてきた。今日に至るまで、一部のキリスト教化されたワ族の人びとに受容されている【☞信仰崇拝】。

言語学的にみると、キリスト教ワ文字はワ語の音韻的な実態にそぐわない部分があり、必ずしも実用的ではない。私の観察したところ、聖書も賛美歌も、キリスト教ワ文字の表記通りに読まれているわけではない。それにもかかわらず、根強く用いられているのは、文字に言語外的な力が付与されているからであろう。つまり、キリスト教ワ文字を「書ける」「読める」ということこそが、キリスト教に対する忠誠心となっているように見受けられるのである。

● 新ワ文字

中国では、1949年の建国後まもなく、少数民族に対する大規模な調査

図表 11. 新旧ワ文字の対照表

	音韻表記	キリスト教ワ文字	新ワ文字
甘い	teh	teh	deih
減らす	tɛh	teh	dieh
土	tɛʔ	teh	diex
リス	lai	lai	lai
文字、本	lai	lai	lāi
歪む	lhai	lai	hlai
コブ牛	mɔi	moi / maweh	mōi
老いた	kuat	ku-at / kuwat / kwat	gūad

隊が組まれた。その調査結果を受けるかたちで、文字をもたない民族言語に対し、ローマ字式転写法を与えるという政策がとられた。中国という国は文字を重んじる国であり、文字こそが文化の根源であるとみなす向きがある。また行政を実施するための措置、つまり上意下達するための文字という側面もあったはずである。新ワ文字［漢：新佤文、佤：laivaʔ（lai「文字」vaʔ「（民族としての）ワ族」）］と呼ばれる転写法も、このような流れを汲むものである。

新ワ文字の最大の特徴は、転写の方式をピンイン（現代中国語のローマ字式転写法）に合わせたことである。中国語との併用が見込まれることを踏まえると、現実的な言語政策であったと考えられる。今日、新ワ文字を用いた出版物や刊行物もいくつか存在する。その一方で、新ワ文字はそれほど普及しておらず、むしろ漢字のほうが浸透しているように見受けられる。そこには、ワ族を含めた少数民族一般にとって、自らの言語を表記することよりも、一足飛びに漢字を読み書きできることのほうが、都合がよいという現実がみえる。

なお、この新ワ文字が通用するのは、ほぼ滄源地域（自称パラウクの集団）に限られる。ミャンマー側を含め、ほかの方言的変種に対してはあまり機能しない。文字と標準語は言語政策の両輪であるが、未だ道半ばというのが実情である。

弩による狩猟（おそらく一九五〇年代に撮影）

生業

ワ族は標高2000m弱の山腹に集落を構えている。漢族は、周囲を無数の山に囲まれたこの閉ざされた一帯を、アワ山［漢：阿佤山］と呼んでいる。このアワ山におけるワ族の主たる生計手段は、狩猟採集と農耕である。

■ 狩猟採集

今日のアワ山は、耕地の開拓などにより森林環境が後退しているものの、周縁部の森林を中心に依然、野生動物が数多く生息している。特に自然保護区に指定された滄源地区西部などには、トラやワニなどの希少動物が生息していると聞く。

ワ族はこの野生動物を捕獲することで、食糧の不足を補っていた。キョン、イノシシ、ウサギ、キジ、山鶉、キジバト、ハッカンなどがよく捕獲される。今日あまり見かけることはなくなったが、ハクビシンやセンザンコウなどの肉も珍重されている。

狩猟は男性の役割である。弩や鉄砲（今日では所持不可）を用いた猟のほか、ワナや囮による捕獲も盛んにおこなわれてきた。

ワ族は、万物に魂が宿ると考えており【☞信仰崇拝】、狩猟者は獲物の魂を鎮めなくてはならない。家屋の壁際に、獣の下顎の骨や禽類の羽が差

野鶏を捕えるためのワナ

壁に掛けられた猟銃。今日では所持が禁止されている。

してあるのを目にすることがあるが、これらは自らの獲物の多さを誇示するとともに、今後の狩りの成功を祈願するために飾られているという。ワ族には、「キョンを捕えれば名声が得られ、ハッカンを捕えれば実を得られる[佤：ʔau pon poih, loih pon dɔi]」という言い回しがある。これは、キョンのような大動物は皆に肉を平等に分けなければならず、ハッカンのような小動物はその必要がない、ということを表わしている。実際、こういった理想的な大人の狩猟者も少なくない。大動物の肉は村の皆に平等に分け与え、自らは頭部や羽を取るのみという姿には感動さえ覚える。酒と村人からの尊敬で、少し赤らんだ顔が何やら誇らしい。

食糧の補充は、採集によってもおこなわれる。バッタ、イナゴ、蝉、竹虫（タケツトガの幼虫）などの昆虫、タニシ、カニ、泥鰌などの水生動

人力による耕地（おそらく一九五〇年代に撮影）

物もよく食べられる。植物を採集するのは女性の役割であり、タケノコ、栗、芋類のほか、様々な野草山菜が好まれるようである。

■ 農耕

年間1500から2000mmの降水量のあるアワ山においては、かつて焼畑農耕が盛んにおこなわれていた。焼畑地の利用は、時代により少しずつ変化している。『百夷伝』（『百夷伝校注』収録の李思聡本）には、「蒲人（≒プラン族）、阿昌（≒アチャン族）、哈剌（≒ワ族）、哈杜（≒ワ族）、怒人（≒ヌー族）はみな山頂に居住し、ニガソバを植えて食糧となし、その他の人びとは平地、あるいは水辺に居住している（蒲人、阿昌、哈剌、哈杜、怒人皆居山巓、種苦蕎為食、餘則居平地或水辺也）」という当時の様子が記されている。ほかの作物に対する言及がないので断定的なことはいえないものの、米類（陸稲）に対する依存度がそれほど高くなかったことは、注目に値する。20世紀半ば以降のワ族の焼畑について、尹（2000a:39-42, 93-96、2000b:117-131）は西盟地域の状況を概略、次のように述べている。西盟地域では標高1500mあたりを境に、焼畑地の利用が異なっていた。標高およそ1500m以上の焼畑地は芥子【☞芥子、アヘン】を中心に、大豆、トウモロコシ、ソバなどが栽培されてきた（後に芥子の代替作物として小麦を導入）。芥子は連作が可能であったようで、雨季の終わりに草木を伐採、火を入れた後に無耕起のまま播種、翌年の2、3月に収穫というサイ

山から水を引く竹製の樋

クルであった。その収量は、一ヘクタールあたり7.5kgから15kgほどである。一方、1500mより低い土地においては、陸稲、綿花、シコクビエ（キビの一種）、トウモロコシなどが栽培されていた。この標高の低い焼畑地は、その肥沃度によって、無輪作焼畑と輪作焼畑が使い分けられた。後者の場合、人畜による犂耕がおこなわれた。

以下に、Chenほか（1993:306-335）と覃編（1993:433-434）を参考に、農耕にまつわる儀礼を紹介しよう。諸活動の実施状況については、村落や地域による差異が認められることをお断りしておく。

● 水に関わる活動

西暦の12月から1月にかけての時期に、来る年も水に恵まれるようにと、水の精霊を祭る。そして、mauかsiの日【☞名づけ】に、一年間の生産と生活の水を確保すべく、村に水を引く水管（竹製の樋）や水路の修繕をおこなう。

● 新しいクロックの制作

クロックとは、祭祀用などに用いる木製の打楽器であり、10年を目安に新調される【☞クロック】。材料となる木は、シャーマン［佤：caujhai］などによって選定され、銃声や弩などで精霊を追い払った後に伐り出す。内部をくりぬき、楽器として完成させた後に、村人総出で村内に運び入れ、

神木とモイックに祈りを捧げる小屋（滄源県翁丁村）

専用の小屋に安置する。クロックに関わるこの一連の活動は、「拉木鼓」といった漢語名で呼ばれることもある。

● 人頭を祭る儀礼

一連の耕作活動が始まる前に、豊穣と除災を祈願するための人頭の入れ換えがおこなわれる【☞首狩り】。その際、牛の供犠が盛大におこなわれる。

● モイックを祭る儀式

播種の前に、万物創造の主であるモイックに対する祭祀がおこなわれる。まず、老人が白鶏を桃の枝などに縛りつけ、鳴き声を上げさせながら各戸を巡回する。これは村を清める意味がある。その後に、村の上手にある聖林において、赤い雄鶏が供犠され、モイックに捧げられる。

● 播種

村の指導者層によって、播種の日が選ばれる。播種の前日か当日、村の入り口で鉄砲や弩を打って、旧年の運気が振り払われる。播種はまず指導者の家からおこない、次いで村人がこれに続く。播種は村中がもっとも活気にあふれる行事であり、服を改め、賑やかな雰囲気の中でおこなわれる。

山に造成された茶畑

1950年代以降、山を焼き払う耕法が禁止され、政府主導のもとで、段階的に水稲栽培への移行が図られた。森林が回復する十分な休閑期をおくことのできる社会的、生態的条件が整いさえすれば、焼畑は環境破壊を引き起こすことのない持続可能な農耕システムといえる【尹2000a】。しかし社会一般には、これを一律に「原始的な、遅れた農法」とみなす風潮が根強い。農法の変遷に従い、上述のような農耕儀礼も、簡略化あるいは廃止されている。また、外部からの資本投入によって、サトウキビやゴム、茶など商品作物の栽培に従事するものも増加し、急速に漢族の商品経済の中に組み込まれつつある。なお、日本でも有名な雲南省産のプーアル茶の中には、この地が原産であるものも少なくない。

伝統的な食事の風景。中央に主食となる米飯がおかれている。

食

フィールドワークの醍醐味は、なんといっても「人との出会い」と「食べ物」であろう。ここではワ族の「食」について紹介する。

■ 食べる

パラウク・ワ語には、日本語の「食べる」に相当する語が3つ（sɔm、ʔih、phɛʔ）ある。目的語となる名詞との共起関係から、sɔm は「（主食を）食べる」、ʔih は「（おかずを）食べる」、phɛʔ は「（果物を）食べる」と意味記述することができる。最後の phɛʔ はともかく、sɔm と ʔih を使い分ける動機について少し考えてみたい。

ワ族の食事は朝、夕の2回が一般的である。ただし、農業の繁忙期には、田畑で簡単な食事をとることもある。朝夕の食事の基本は、米や雑穀のご飯に簡単なおかず（スープ状のことも多い）である。しかし、配膳の仕方が私たちのものと少しばかり異なる。おかずは少量ずつそれぞれの椀に取り分けられ、中央の大皿に置かれた主食であるご飯を手で取りながら食べる。これは私たちの食事観念からすると、ちょうど逆のスタイルである。このような（ほぼ）主食だけというのが伝統的な食事様式であり、動詞 sɔm は元々、このような食事のスタイルを端的に表わす語であったと思わ

モック作りの様子

れる。

近年、ワ族の各家庭でも、茶碗と皿、箸を用いた漢族式の食事法が広まりつつある。おかずの数が増え、動詞 ʔih の活躍の場も増えた。その結果、動詞 sɔm は、単に「食事する」という無標の表現に格上げされてしまったのではないだろうか。

最後に、ワ族の伝統的な料理を 2 つ紹介しておこう。

● モック

モック［佤：mɔc］は、水分の抜け切った雑炊である。湯に生米を入れ、煮上がったところへ青物を加える。仕上げに塩と唐辛子で味付けをするだけのシンプルな料理である。ワ族は、しばしばこれを「おかず」として食べている（モックに対する「食べる」は ʔih）。暑い昼下がりの田畑で手づかみで食べるモックは、熱さと辛さが堪える一品である。なお、漢族の間で、ワ族の名物料理と喧伝される鶏モック［佤：mɔcʔia、ʔia（鶏）、漢：鸡肉烂饭］は日常食ではない。

鶏モックの作り方。まず、骨つきの鶏肉を水から煮立て、出汁をとる。鶏肉を取り出し、代わりに生米を入れ、粥にならない程度に煮る。途中、刻んだ発酵竹の子を入れ、さらに煮る。その間に、鶏肉を裂いたものにウイキョウ、ハッカを混ぜ合わせ具材を作る。米が煮上がったら、具材を混ぜ合わせ、唐辛子、山椒、塩で味を調えたら完成である。

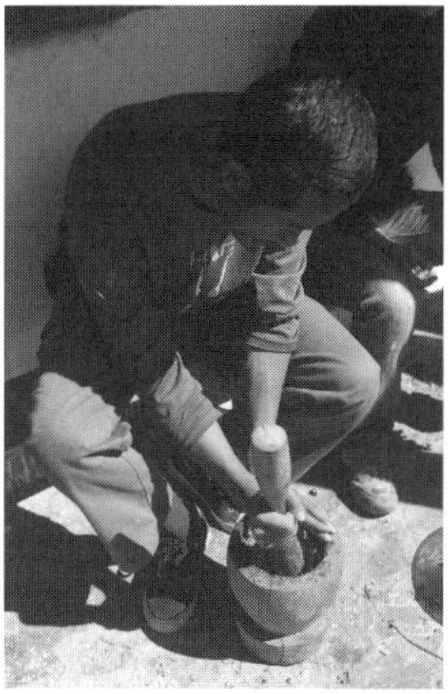
つき臼にてチュアを作る

魚のチュア

鶏モックは少々辛いものの、ミントの香りが食欲をそそる美味しい料理である。また、客をもてなすごちそうにもなるため、なかなかうるさい決まりがある。例えば、客をもてなす鶏モックは、男性が作るのが礼儀であり、調理に用いる鶏は未経産の雌鶏がよく、白色の鶏を用いることができない、といった具合である。

● チュア

チュア［佤：cua］とは、副食として添えられる代表的な料理である。

作り方。具材が魚、昆虫などであれば、まず湯通しをする。その後、唐辛子、山椒、ニンニク、生姜とともに木臼に入れ、細かくなるまで搗いたら完成。具材が野草類であれば、調味料を搗いた後に生のまま混ぜ合わせて完成。

チュアは強烈な辛みが特徴で、一口で胃が（毛穴も）全開になる。コオロギ2匹のチュアで、大の男3人が白飯2杯ずつ食べられるほどの経済的な一品である。

■ 飲む

日本語の「飲む」に相当するのは、ʔih（「食べる」にも相当）とɲaɯʔである。前者の対象はもっぱらスープ状のおかずであり、後者の対象は水、酒などの飲み物である。今日、ワ族の間でも茶［佤：chaʔ］が飲まれるよ

シコクエビ

穀粒に麹を混ぜる作業

うになったが、かつて茶は貴重なものであり、日常的な飲み物ではなかった。「婦女は茶を飲まない、坊主は妻を娶らない」ということわざ【☞ことわざ】が示すように、茶は社会的立場ある者のみが飲むものであった。

一方、酒［佤:plai］は、男女問わずに嗜好されるものである。今日でも、新年や農耕儀礼、婚儀葬儀、家の増改築などの非日常的な行事、または来客へのもてなしといった日常においても、酒は欠かすことのできない要素である。発酵酒も蒸留酒も作られるが、蒸留酒（焼酎）は比較的最近導入されたものである。

プライ・ヌム［佤：plai nu̱m、漢：水酒］は、ワ族がもっとも好む酒である。プライ・ヌムは、シコクビエ、モロコシ、トウモロコシ、ムギ、アワ、イモ類、もち米などを原料とする粒酒の総称である。このうち、シコクビエを原料とするもの（プライ・コ［佤：plai khɔʔ］）が特に好まれる。

● プライ・ヌムの作り方

・原料を炒ってから、細かく砕き、蒸し煮にする。
・冷ました後、麹を加え、混ぜる。
・芭蕉の葉で包み、暖かいところで4、5日間発酵させる。
・発行の後、甕（瓢箪なども可）などに入れ、冷暗所に置く（通常2週間程度）。
・冷水で濾過し、飲む。

ストローにて粒酒を濾す作業（おそらく一九五〇年代に撮影）

酒をすすめる女性

甕に細竹のストローを差し入れ、酒を桶などの容器へと吸い出し、さらに竹筒へ注いでから飲むというのが、今日の一般的なスタイルである。しかし、ストローを介するのは穀粒をろ過するためであり、容器などに移し替えることは余剰的な行為にみえる。ダニエルス（2007:195-196）は、ストローから直接吸飲する方式が、本来的な飲用法であった可能性を指摘している。ちなみに、ストローによる飲酒の習俗は山地民のみならず、タイ族の習俗でもあった【ダニエルス 1998:178-179】

客に酒を勧める場合、まず竹筒を傾け地面に少量の酒を垂らす。これは、精霊に捧げるという意味である。そしてホスト自ら一口含み、その後に添え手をしながら竹筒を渡す。これによって敬意が込められるという。客は、酒が飲めない場合でも、一口つけるのが礼儀である。逆に、一口つければ、あとは飲み干す必要はない。そのまま主人に返礼するということも可能である。その場に複数の人間がいるようであれば、回し飲みをすることがむしろ一般的である。漢族式の「乾杯」（文字通り飲み干すこと）をしないと気分を害する、というワ族もいないではないが、これは漢化した酒飲みとみたほうがよさそうである。

冷水は繰り返し継ぎ足すことができるが、酒の味がなくなったり、酸味が増してきたりすると終わりとなる。プライ・ヌムは薄茶色で、甘い香りがする。ちょうど薄めた甘酒のようであり、酒の弱い私でも 2、3 杯は問題ない。

ハレの日の男性の服装（滄源県怕良村）

腰巻き姿の男性（孟連県海東村）

衣

ワ族は黒を尊ぶ。浅黒い皮膚は健康で働き者の証であり、黒髪こそが美男美女の条件であるといわれる。

今日、ハレの日にみられるワ族の衣装も、黒を基調としたものが多い。しかし、明、清代のワ族の服装について、「ワについて、男性は藍色の上着にズボン、女性は藍色の上着にスカート、ともに赤い腰箍をはめている（卡瓦……男穿青藍布短衣褲，女穿青藍布短衣裙，均以紅藤纏腰）」との記載（『雲南通志稿』）があり、濃紺のものが本来的な色であったと推測される。これは昔の布が、手製の藍染であったことによるのだろう。

以下、主に今日みられるワ族の民族衣装について紹介しておく。

■ 男性の服飾

黒色もしくは赤の左前合わせの短い上着に、黒色のぶかぶかのズボンである。孟連県においては、腰巻きの着用もおこなわれる。一般人は黒もしくは濃紺のターバン、老人や村の指導者層は、赤のターバンをそれぞれ巻く。そのほか、腰に刀（60cm×5cm 程度）を差しているのが目を引く。

かつて銀製の耳飾りや腕輪をする習慣があったという記述もある【Chen ほか 1993:207】。男性の腰箍は見かけたことがない。

耳、首、手首に飾りをつけた女性（滄源県永冷村）

頭飾（西盟県）

■ 女性の服飾

女性の服装はかなりの地域性がある。大きくいえば、黒または濃紺を基調とする短い上着にスカートである。上着には、そでの長さ（半袖、長袖）による違いがある。孟連地域には、貫頭衣状の上着を着ているところもある。スカートには、形状（巻き状、筒状、短、長）による違いがある。滄源糯良村近辺では、スカートの下にズボンを履く習慣がある。このほか、脚絆をつけることは、全域で一般的におこなわれている。女性も頭にターバンをつけることが多い。滄源地域の岩師村では、盛装時に、毛糸などで飾られた円盤状の頭飾を身につける。

その他の服飾品として目を引くのは、銀製の大きな耳飾り、首飾り、腕輪である。西盟地区において、腰箍や腕箍、脚箍が散見される。

服飾は民族文化を彩る華である。今日、民族文化を求めて、カメラを片手に多くの旅行者が雲南省を訪れるようになった。原色を着こなす少数民族にすれ違う瞬間は、心躍る瞬間でもある。しかし、服飾とはもっとも目につきやすいものであるのと同時に、もっとも移ろいやすいものでもあるかもしれない。Enriquez（1933:36）は、女性のスカートの色彩を基準にした、「赤スカート（Red Petticoat）のワ」と「黒スカート（Black Petticoat）のワ」という分類に言及しているが、今日の中国においては、そのような分類を耳にすることはまずない。その代わりに、黄土色に染めた衣装を着用する

市販されている民族衣装

今日よくみられる男性の頭飾。水牛の模様とAV（ヴァ、なぜか逆）の文字がみえる。

「黄ワ」なる新たなグループが生まれている。

ここ数年でワ族の服飾も大きく変化した。ハレの日の盛装でさえ、安価な化学繊維で固められ、アルミやプラスチック製の飾りを散りばめたものになっている。時折、トラクターの荷台などで、麻のスカートに耳飾りというスタイルの婦人と同乗し、目を奪われることがある。しかしよく見ると、その腕にはプラスチック製の時計がはめられ、足元には不似合いな白い運動靴が履かれている。そのちぐはぐさに何とも言いようのない残念な思いを抱くのであるが、当人は気にする風もない。むしろ、デジカメを提げ、ペットボトルの水を飲む私の姿を物珍しそうに眺めている。文化動態とは、日々の生活とはそういうものかもしれない。時に博物館的な感傷を押しつけがちな自分を恥ずかしく思う。

綿くり作業（おそらく1950年代に撮影）

布織りの風景（おそらく1950年代に撮影）

村の風景（滄源県翁丁村）

住

ワ族の多くは、アワ山の標高2000m弱の山腹に集落を構えている。かつて住んでいた平地を後から来たタイ族に奪われたという説、また山地に暮らすタイ族のもっている陸稲の美味さに惹かれて、居住空間を交換したという説などが各地に伝わっているが、真偽のほどは定かではない。

■ 村のつくり

村は100戸前後が普通の規模であるが、中には200戸以上になる大型のものもある。デーヴィス（1989:452）は、400戸以上からなる村の存在を挙げ、他民族と比べてワ族の村が大きいことを指摘している。かつて、村には深い環濠と竹や茨の囲いが設けられており、村内と外界を結ぶのは茨で覆われた、長さ10mにも及ぶトンネル状の通路だけであった【Scottほか1900:504、Winnington 1959:133、赵2000:85-86】。残念ながら、今日、そのような環濠や通路をもった集落をみることはない。

山裾から見て、村の上方に神木、中央に共用の広場がある。墓地は村外（西側）に設けられている。しかし、死者の首狩り【☞首狩り】がおこなわれるようになると、各戸の周囲に埋葬することもおこなわれるようになった【鳥越1995:103-104】。

高床式家屋と露台（滄源県永和村）

分家による新宅を建築する場合､新宅は本家よりも下方（つまり山裾側）に建てるという習わしがある。これによって、村は下方へ下方へと広がりをもつことになる。そして、環濠の内部が手狭になると、周囲に新村というかたちで派生村落を形成する。つまり、歴史のある部落ほど、子村が多いということになる。子村と親村は大きな政治的単位として、祭祀などを通したつながりを保持しているのが一般的である。

■ 住居

ワ族の住居について、高床式と土間式の 2 種類がみられる。

● 高床式住居

住居部分を地表から 1 ～ 2m の高さに設置し、防湿や防虫の効果をもたせた家屋である。柱と梁で骨格を作り、それを割り竹による壁（ハンギング・ウォール）で取り囲むという構造のものが多い。住居部は、露台（物干し場）と露台につながったやや広めの軒下部分、母屋の 3 つの部分からなる｡軒下部分は機織りなどの手仕事場であり､客人を迎えるためのスペースでもある。母屋は一室空間であり、炉を中心に起居寝食すべてがおこなわれる。炉について､日常用と儀礼用と複数あるケースの報告もある【《佤族简志》编写组 1985:101､鳥越ほか 1998:260-263】。また､住居部の床下は､農具などの物置と家畜の飼育を兼ねたスペースとなっている。

茨に覆われたトンネル状の入口（Winnington1959より）

室内の風景。手前に炉、奥に寝床

● 土間式住居

主に竹編みの壁と茅葺きの屋根からなる小型の家屋である。室内を区切らず、炉とそれを取り囲むように配した簡易ベッドからなるものがもっとも簡便なものである。この住居においては、露台や家畜小屋は外に設けられている。

家屋の側面にある小窓

竹で囲われた墓

野鶏色の鶏が好まれる。

予兆現象、禁忌

普段と異なる現象を目の当たりにすると、人間誰しも不安になるものである。ワ族も、そのような自然現象を何かがおこる予兆とみなすことがある。ここでは、村での生活で見聞きした面白い予兆現象や禁忌などをいくつか紹介しよう。

● 鶏

雄鶏は、時間どおりに鳴くものである。鳴く時間がいつもより早いなど尋常でない場合、それは火災が起こる前触れである。

雌鶏が鳴くことはない。もし雌鶏が鳴き出したならば、それは村のどこかで望まれない男女関係（同氏族間、不倫など）が発生したことを意味する。

● 鳥

外出の際、前方あるいは右側から鳥の声が聞こえたら吉兆である。左側あるいは後方から聞こえたら不吉である。特に後方からの鳥の声は、出先で首狩りに遭うことを暗示している。

炉端でタバコを吸う老人

● 蛇

狩りの際に出会った蛇に対し、叩いたり、殺したりしてはいけない。虐待すれば、獲物が捕れなくなってしまう。

自分の妻が妊娠している最中に、蛇を叩いてはいけない。叩けば生まれてくる子の舌が長くなってしまう。

● 播種、植付け

播種や植付けの際、タバコを吸ってはならない。もし吸ってしまったら、その畑で採れる野菜は苦くなってしまう。

● 妊婦

妊娠中に地面を掃けば、視力が落ちてしまう。妊娠中に縫物をすると、頭が痛くなってしまう。妊娠中に棺桶に触れると、流産してしまう。

● 赤子と虹

赤子が空に架かっている虹を指させば、その指は曲がってしまう。

● 鍋と飯

飯を炊いた鍋には、飯を少し残しておかなくてはならない。鍋が腹を減らしてしまい、以後、人間の食料が足りなくなる。

穀倉（滄源県賀孟村）

● 口笛

夜間に口笛を吹いてはならない。虫が寄って来てしまう。夜の口笛に関する禁忌は日本でも広くみられ、泥棒やら蛇やらを呼び寄せてしまうといわれる。

● 穀倉

穀倉を空にしてはならない。何もない穀倉には穀物の精霊が寄り付かなくなる。

● 酒

酒は口をつける前に、まず精霊に捧げなくてはならない。多くの場合、地面に一滴垂らすことでこれをおこなう。何もせずに飲み食いをすると、体調が悪くなる。

立派な角をもつ水牛

牛

　村を訪ねるため尾根伝いを歩いていると、どこからともなく「カラコロン、コロコロン」といった音が聞こえてくることがある。これは、放牧へと導かれる水牛［佤：krak］やコブ牛［佤：mɔi］の首に下げた鈴の鳴る音である。立派な体躯の親牛に続き、まだ人慣れしていない子牛が人目を怖がるように小走りしていく姿をみると、暑さの中にも人心地ついたような気持ちになる。

　水牛とコブ牛は、中国語や日本語でこそ「牛」という上位概念に包括されるものであるが、ワ語をはじめとするこの地域の言語では、語源的な関係をもたない2つの独立した語彙であることが多い。ワ族において、両者は耕作のために不可欠な存在として並び立つ一方、強大で猛々しい水牛と気弱で優しげなコブ牛といった対照的な認識がなされてきた【☞言語にみるパラレリズム】。両者をモチーフにした物語は数多く、しかも地域を超えた普遍性を示すのも興味深い。このことは取りも直さず、ワ族の生活に古くから根ざした存在であったことをうかがわせる。

■ 牛の供犠

　ワ族の村々では、大小様々な祭祀に際し、水牛やコブ牛を供犠すると

切り出した木を引くコブ牛

いうことが広くおこなわれてきた。西盟県にて聞き取りをした水牛の供犠の模様を概略しておこう。

・供出された牛を木に縛り付ける。
・古老による祈りが捧げられた後、選ばれた成年男性が槍で背中から心臓を一突きする。
・牛の絶命を見届けると、周囲の男が一斉に飛び掛かり、四肢の解体をおこなう。
・水牛を供出した家の軒下に、頭部が飾られる。

1954年から57年の西盟地区の岳宋という村落において、3年間に874頭という牛の供犠がおこなわれている【云南省编辑委员会编 1983b:31】。親村と子村を合わせた総戸数が400戸というから、単純計算すると一戸当たり2頭の供出があったことになる。統計自体の信ぴょう性を割り引いても、その盛んな様子をうかがい知ることができる。

韩（2007:105-109）は、古くなった人頭を聖林に移す際にコブ牛の供犠、葬儀や建前などの際に水牛の供犠がおこなわれたと指摘している。このように、元々はそれぞれ異なる儀礼と結びついていた可能性がある。しかし、どちらの供犠においても、肉が村中に分配されること、牛身体の一部（水牛は頭部、コブ牛は尻尾）のみ供出者の家に戻ることなどに共通点が認め

村の神木に供えられた水牛頭

られる。すなわち、牛を供犠することの根底には、一家の無病息災や豊穣を祈願するという宗教的側面と、名誉や富を誇示するという社会的側面があったものと思われる。

新しく作られたクロック。二本の撥で叩く。

クロック

クロック［佤：krɔk］（漢族からは木鼓と呼ばれる）は、ワ族にとって神聖な楽器であり、象徴的な物質文化である。

その昔、葛の木などをくり抜いて作ったクロックが、部落（親村＋子村【☞住】）ごとに存在していた。クロックは親村の専用の小屋に、大きさの異なる一対で置かれていた。大きさは直径60cmから1m、長さ1.5mから2mほどで、中央に割れ目が掘り込まれている。また、10年に一度程度の頻度で、新しいクロックが加えられる。それには人手と供犠用の家畜を供出しなければならず、したがって、クロックの多さが、村の強さや歴史の長さを表わしていたとみることができよう。

クロックは、2つの面で重要なものである。まず、クロックは、災害や戦争など緊急時における信号伝達用という重要な機能を担っていた。2本の撥の打ちつけ方によって生じる異なる音色やリズムによって、親村内部はもちろん、周辺の子村へも様々な意図を伝達することが可能であった。つまり、クロックは、部落を政治的単位としてあらしめる、1つの社会的象徴であったとみることができる。

一方、クロックのもつ宗教的側面も見逃すことはできない。クロックは、万物創造の主モイックとの交信をおこなうための神器であった。豊穣を祈

木鼓小屋の様子。右手に人頭を捧げるポール付きの竹カゴ（おそらく一九五〇年代に撮影）

るために狩られた人頭は、まずクロックの置かれた小屋に供されるのが習わしであったという【鳥越 1995:66】。

以上の文章はほぼ「過去形」で述べていたことにお気づきだろうか。実は、クロックは1950年代から文化大革命の終了までに、そのほとんどが消失してしまった。今日、災禍を逃れたわずか2、3のクロックが、西盟県や滄源県の文化宮に保存されるのみである。

近年、民族文化に対する意識の高まりに合わせ、現地政府を中心にクロックの再興を促す動きがある。しかし、過ぎ去った時代を取り戻すことは容易ではなく、クロックは次第に祭事における歌舞音曲の象徴へと姿を変えつつある。

芥子畑（おそらく一九五〇年代に撮影）

芥子、アヘン

アワ山一帯は、東南アジア大陸部の、いわゆる黄金の三角地帯（ゴールデントライアングル）の北端部にあたる。私の調査していた地域においても、かつて芥子の栽培が広くおこなわれていた。当地は標高が2000m弱の山岳地帯であり、乾燥した水はけのよい土地が多い。このような土地は、ほかの作物の栽培には不向きな一方で、芥子の栽培にとっては最適であるらしい。芥子栽培の目的は、もちろんその果実からアヘン［佤：pen］を得ることにある。その収量は相当なものだったようで、例えば、1956年の段階で、西盟地区のある村の一戸当たりのアヘンの平均収量は、2kg程度であったという【云南省编辑委员会编 1983a:11】。

アヘンは自家消費用ではなく、主に経済作物として栽培されていた。アヘンの時期には、外からの商人を対象とした交易の場が設けられ、アヘンとの交換で様々な生活用品を手に入れることができた。これが次第に常設化し、今日の各地を5日で循環する定期市の原型となったという【《佤族简志》编写组 1985:43、罗 1995:137-138、李 2001:107-108】。

雲南省における芥子、アヘンの歴史は、それほど古いものではない。兼重（2008）によると、雲南における芥子、アヘンの歴史は概略、次のようである。17世紀の雲南省においては、芥子はまだ薬と鑑賞という用途

芥子の実をとるため流通する芥子坊主。アヘンをとるためにつけた傷がみえる。

にとどまっていた。しかし、18世紀末に、中国国内のアヘン吸飲者が増加したことによって、アヘンを精製するための栽培に移行していく。清朝や民国政府は何度か禁令を発布したが､思うような効果はあがらなかった。1949年の中華人民共和国の成立以後、芥子、アヘンの生産、流通、利用の禁止と代替作物（主に小麦）の導入が徹底しておこなわれた。共産党政権が芥子の抑制に成功した背景には、芥子栽培に伴う食糧生産の減少という社会的要因があったようである。

今日、アワ山においても、芥子畑をみることはまずあり得ない。辺境地帯における麻薬への対応は、年を追うごとに厳格化されている。私が調査地に出入りする際にも、厳しい検問をいくつか通過しなければならなくなった。以前は辺境の市場などで見知らぬ人から、「3角でどうだ？」などと声を掛けられたものである（1角≒1.6円が公式レート。ただし、ここでは隠語で100倍の値段を指す）が、そのような光景も今は昔である。

ところでアヘンといえば、調査の内外でこんな逸話を耳にすることがある。

「あるところに、客の入りの悪い食堂があった。ある時、主人は料理の隠し味として、アヘンを入れることを思いついた。すると、客が繰り返し訪れるようになり、店は大繁盛した。しかし、建国後、アヘンが手に入

家屋の裏手に自生する芥子

らなくなると、店の『売り』がなくなり、客足はまた遠退いてしまった……。」

この笑い話、真偽のほどは確かめようがない。しかし、あながち嘘というわけでもなさそうである。芥子やアヘンに対する危うい感覚というのは、私たち末端の世界が後付けしたものに違いなく、栽培する農民の側では、それほど危険な物として認識されていない。したがって、かつて生産現場においては、私たちの思う以上に、自由に流通していたということが想像される。

祝いの日に盛装した女性（滄源県怕良村）

恋愛・結婚事情

結婚は、古今東西を問わず重要な節目である。ここでは、私が傍で見聞きした滄源地域のワ族の、恋愛から結婚に至る事情を紹介しよう。

■ 恋愛

年頃（一般に二十歳前）になると、男女ともそれぞれ3、4人の仲良しグループを作り、恋愛互助をするようになる。男性は夕食の後、グループの仲間と連れ立って、気になる女性の家あるいはその女性の仲間の家を訪問する。この行動をヴィー［佤：vhi］という。ヴィーは、毎回同じ相手にしなければならないものではない。男女ともに、同時に何人かの「恋人」があるということも普通であるし、ライバルが同じ場に居合わせるような状況もなくはない。

しかし、生涯の伴侶は、男性のみで決めるというものでもない。ヴィーの際、男性は細々したものをそれとなく女性に贈る。女性は初めそれをすべて受け取るが、そのうちに、意中の男性以外からの贈り物を拒絶するようになる。このように、最終的には女性の選択によって、一対一の関係が形成されていくのである。

2人の関係が確実なものとなってしばらくすると、男性は髪飾りや櫛など女性の大切なものを奪うという行動に出る。これは、男性からの暗黙の

盛装する女性

プロポーズである。女性側は返還を求めないことで、求婚に応える。

■ 結婚

2人の感情が一致したところですぐ結婚、となるわけではない。そこはやはり家と家とのやり取りが必要である。

女性が求婚に応えた後、まず男性側から使者が立てられる。一度目は、女性側の家に結婚の意を伝えるのみである。二度目に、男性本人が酒やタバコなどをもって数人の使者とともに、女性の家を訪問する。男性は皆の前で女性と心底愛し合っていると宣言するのだが、ことはそう簡単ではない。女性側は父母、母方の叔父・伯父、老人などが集まって、二人の結婚について猛反対する。これでは男性にとってダメージが大きいだろうと思いきや、もちろん反対が反対でない場合もある。その証拠に、三度目に米や鶏、塩などさらに多くの贈り物と、さらに多くの使者を伴ってくると、一緒に食事をとりながら、あっさりと結婚式の日取りの話になるからである。このあたりのさじ加減は、正直よくわからないところがある。

結婚式は、農閑期におこなわれることが多い。男性は女性側に、結納金ともいえる品々（肉、米、酒、タバコ、茶、金銭など）をしっかりと納める。特徴的なのは、娶った後にしばらくの間、女性の家の労働を手伝うという義務が生じることである。これには、重要な働き手であった女性の穴埋めという意味合いがあると考えられる。

ワ族の少女

私の見た結婚式は、ごく素朴なものであった。男性側から迎えを遣り、花嫁の家で宴が催される。翌日、花嫁が男性の家に迎えられ、宴が催される。

最後に、ワ族の結婚にまつわる習慣を3つほど補足しておきたい。

一つは、同じ氏族間での結婚はご法度である。もちろん男女の関係をもつことも許されず、これらに触れると一家が村から追放される。

二つ目に、夫に先立たれた後の妻の身の処し方である。寡婦となった女性は、夫の兄弟に改めて嫁ぐことが一般的である。この場合、結婚式などは省略される。これは結納と引き換えに、妻をもらい受けたということと無関係ではないだろう。

最後に、生まれた娘を母方の叔父・伯父の家に嫁がせるという習慣である。この習慣は交差イトコ婚と呼ばれるもので、イ族をはじめとするチベット・ビルマ系民族によくみられる【田畑ほか 2001:142, 220】。子供は父方の氏族に属するものなので、氏族の異なる母方に嫁ぐことは問題にならない。この交差イトコ婚という習慣について、叔父・伯父にとって姉妹を嫁に出した代価という意味が指摘されることもある【赵 2000:114-116】。

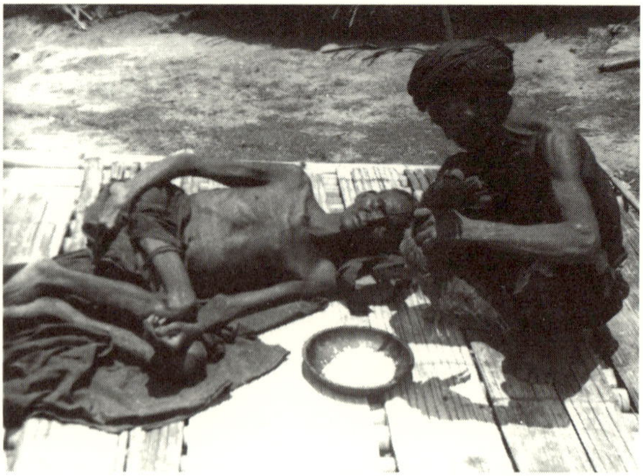

シャーマンによる治療風景（おそらく一九五〇年代に撮影）

占い

ワ族は、動物の骨や肝臓など様々なものを題材に、吉凶を占う。ここでは、日常的におこなわれるもののうち、私の体験したものを2つばかり紹介しておこう。

■ 手占い

両手を前に伸ばし、指先を合わせる。左手は伸ばしたまま、右手の中指と親指の幅を繰り返し取りながら、右の肩甲骨まで上っていく。右手の肩甲骨で折り返し、左手の中指と右手の中指が合わさるようなら吉兆。合わさらなければ凶である。

この占いは、誰もが気楽におこなうことができる簡単なものである。しかし、簡単な占いであるためか、信頼性もイマイチのようである。啓示を素直に聞けない私のような俗人は、何度も繰り返すうちにぴたりと揃うようになるからである。

■ 鶏骨占い

ワ族は、鶏の頭骨や顎骨、大腿骨を用いて占いをおこなう。占いには一般に赤い雄鶏が好まれる。

羽毛を火で焼く

占いに用いられた鶏の大腿骨

頭骨占いでは、両目をつなぐ穴の良し悪しをみる。顎骨占いでは、舌の2本の骨の向きで吉凶を占う。大腿骨占いでは、左右の大腿骨を束にし、側面に神経孔が認められるかどうか、また認められればそこに竹串を挿し、その角度で占うというものである。

鶏の骨は個体差が大きいため、その占いも自ずと専門性が高くなる。一般には、シャーマン［佤：caujhai］や文化的素養のあるとされる老人のみが解釈を与えることができ、その分、信頼性も高いと認知されている。

鶏骨占いは、東南アジア大陸部の諸民族の間で広くおこなわれているものである【秋道 2000】。どのような経緯で共有するようになったのか定かではないが、文化動態を知る上でも興味深い問題である。

「阿佤人民唱新歌」の歌碑

首狩り

中国国内においてワ族について尋ねると、3つくらいのイメージが浮かぶようである。一つは「スガンリ伝説」、2つ目に「『阿佤人民唱新歌』という歌（共産党によるアワ山解放を讃える歌）」、そして最後に「首狩り」である。

本書に採録した民話･伝説はもちろんのこと、日常のよもやま話でも「罰として首を切り落とす」という表現（冗談を含め）が、たびたび登場する。しかし、このような「懲罰としての首狩り」は、実は時代がずっと下ってからの現象のようである。首狩りは元々、農耕儀礼の一環としておこなわれていた。その起源について、スガンリ以前の始祖の段階【☞スガンリ】で、すでに備わっていたとするもの（Scott ほか 1900:496）から漢族との接触によりもたらされたとするもの【☞諸葛孔明の伝説】まで、様々に言い伝えられている。

この儀礼的活動は、他民族との接触地帯から次第におこなわれなくなった。かつてもっとも盛んにおこなわれていた地域でさえ、政府による禁止令が出た後、70年代を最後に過去のものとなったと聞く。以下に私の聞き取った範囲での首狩りの模様を述べる。

首狩りは、一般に秋の収穫後から翌年の4月にかけての時期、あるい

人頭を入れていた竹カゴ（Winnington1959 より）

は収穫前におこなわれるものであった。村の指導者層から指名された数人の成年男子は、鶏占いによって決められた方角に向け、朝早くに出かける。そして、最初に見かけた人間の頭部を三太刀で切り落とし、肩掛けカバンに入れて持ち去る。対象には性別、年齢、民族などの条件はないものの、髪や髭の長い人物が吉兆（豊作を想起）とされたため、自ずと成人男性が選別されていたようである。狩られた頭部は洗われ、万物創造の主モイックを祭る象徴である木鼓の前に捧げられる。ポールの付いた竹製のカゴに入れられた頭部は、災害や病をもたらす悪い精霊の侵入を監視する。なお、供犠物としての役割を終えた古い頭部は村外の林へと移され、引き続き村を守護する役目を託される。

このような出先での首狩りは仇敵を生み、次第に政治的意味を帯びてくる。そのため、死者や動物の頭部での代用【鳥越 1995:101-104】や外部からの購入もおこなわれるようになった【Scott 1896:144】。さらには同一村落内の人間であっても、社会的制裁を与える意味で、首狩りの対象となることもあった【《民族问题五种丛书》云南省编辑委员会编 1983b：128】。

銀製の首飾り（おそらく一九五〇年代に撮影）

銀山と漢族移民

ワ語における「お金」を表わす語 maɯ は、同時に「銀」の意味も表わす。また、かつてワ族の富裕層は、銀製の装飾品を身につけることがあった【☞衣】。銀は、かなり身近な存在であったと考えて間違いない。

滄源県の中部から西部には、豊かな銀の鉱脈がある。この銀鉱は、明代後期から清代にかけて、漢族移民がきっかけとなって開発された。1659年、農民出身の李定国が率いた南明朝の義勇軍は、滄源県の西部において銀鉱を発見した。その銀鉱が豊かなものであると知ると、清朝との戦いを持続するために、当地の先住民族（ワ族、タイ族）を抱き込んで、鉱山開発をおこなった。李軍が敗れた後も、敗軍兵によってほそぼそと採掘が続けられた。

1743年、雲南省南部石屏県出身の呉尚賢によって、茂隆銀山として再開発がおこなわれる。茂隆銀山はかなりの規模であったようで、最盛期には2万から3万ともいわれる人びと（漢族、少数民族）が、労働するほどであった。当地はようやく清朝の支配下にある辺境であり、清朝はこれら銀山の労働者が反乱をおこすのを恐れた。そこで清朝は呉尚賢を収監し、1800年に鉱山の閉鎖命令を下すに至った。それ以後、今日に至るまで閉鎖されたままおかれている。今日、滄源県一帯に yauŋhɔʔ と呼ばれる村

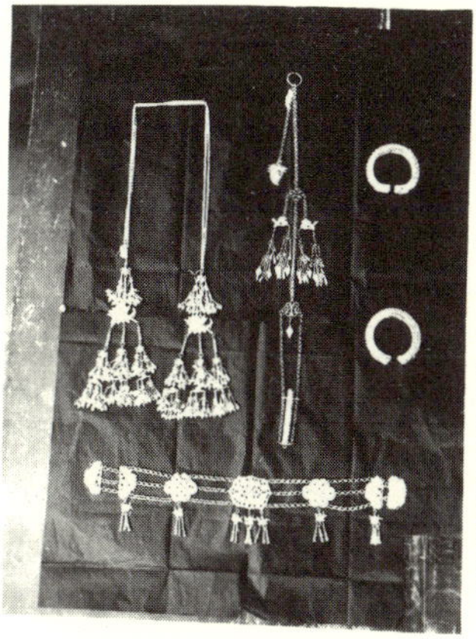

銀製の装飾品（おそらく一九五〇年代に撮影）

落（央哈寨、永蒿寨など）が点在する。これは「漢族村」の意味（yauŋ「村」、hɔʔ「漢族」）と推測され、当時の残留民集落の名残と考えられる。

なお、1885年以降、ビルマ（当時）を植民地化したイギリスと、滄源県西部において衝突が起こっている。これが、当地で「班洪事件」として語り継がれるイギリスとの交戦の歴史であり、一説では、この銀山の利権をめぐって勃発したものとされている。

※銀をめぐる歴史的背景は、班洪事件で交戦の中心となった班洪地域の指導者の末裔から聞き取り調査をおこなったものである。具体的な年代や数値などは、云南省沧源佤族自治县地方志编纂委员会编（1998）を参考にした。

ラバ（右）とコブ牛（左）。言語的にはペアではない。

言語にみるパラレリズム

「あなたは犬派？　それとも猫派？」という質問がある。

「どっちかっていったら犬だけど、なんで犬と猫なの？」と思う人はいないだろうか。しかし、「あなたは犬と亀、どっちが好き？」ではいかにもピントが合っていない。どうやら日本人にとって、犬と猫こそが相対する存在なのである。

このような相対する2つの存在をひとまとめにし、その所属する上位範疇を意味する単位（一般に単語）として言語化することがある。上述の「犬」と「猫」ならば、「子供は犬猫を飼うようにはいかない」とか「○○犬猫病院」といった具合である。後者を例にとると、犬や猫ばかりでなく、もちろんインコやハムスターも診療してもらえるはずである。要するに、この場合の「犬猫」は、「愛玩動物」というような上位概念を表わしているとみることができる。

このような例は、探してみると結構ある。「草木を育てる」の「草木」のような動植物のペア、「雨風をしのぐ」の「雨風」などの自然現象などである。漢語起源のものならば、「牛馬のごとく使う」の「牛馬」、「夫婦となる」の「夫婦」など枚挙にいとまがない。

ワ語にも同様の現象がみられる。mɛ̱ʔkɯŋ「父母」（mɛ̱ʔ「母」、kɯŋ「父」）、

軛をはめられた豚

taiʔcauŋ「手足」（taiʔ「手」、cauŋ「足」）、lhɛʔbhauɯŋ「雨風」（lhɛʔ「雨」、bhaɯŋ「風」）といった日本語にも馴染みのあるペアから、si.gritsi.do「バッタ類」（si.grit「コオロギ」、si.do「イナゴ」）、kaɯŋma「田畑」（kaɯŋ「水田」、ma「焼畑」）、simʔia「禽類」（sim「鳥」、ʔia「鶏」）、khauʔʔoʔ「樹木」（khauʔ「木」、ʔoʔ「竹」）というような、少し想像を働かせないとならないものまで様々ある。

さて、再び話を元に戻すと、ワ族にとって「犬派、猫派」は的外れな質問である。採録中の民話【☞犬と豚】にもあるように、soʔ「犬」と対立するものはlic「豚」である。licsoʔはさしずめ「身近な家畜」という意味範疇といえよう。日本語や中国語では、「牛」は「馬」と対になる。しかし、ワ語においては、mɔi「コブ牛」はkrak「水牛」とペア（mɔikrak「耕畜」）、brung「馬」はlɔ「ラバ」とペア（brunglɔ「運搬畜」）である。

「上下」「左右」や「男女」「父母」などといった概念は二律背反的であり、かなり普遍性の高いものであろう。しかし、そのほかにどのようなペアが存在するのかということは、もっぱら当該言語集団における外界認識が関与している。どのような概念的平行性（parallelism）を認めているのかということは、その文化を理解する上でも興味深い素材といえるだろう。

「奴隷」として下働きをする子供たち（おそらく一九五〇年代に撮影）

孤児

ワ族には孤児［佤：kɔndoi］にまつわる逸話が多い。調査のために村を歩いていると、時々「親がいない」と話す子供に出会うことがある。このような境遇の子供であるからといって、村から追放されることはない。あくまでも村の成員として、コミュニティ（特に同じ氏族）の中で扶養すべきという、道徳にも似た暗黙のルールが存在する。つまりワ族における「孤児」とは、あくまで父母がいないという意味においてであり、採録の民話にみるような、身寄りも当てもなく放浪する子供というのは、やや極端な話である。

孤児が生まれるのは、いつの時代も戦禍が最大の要因である。今日、ミャンマーにおけるゲリラ戦に巻き込まれて、命を落としたという話を聞くことがある。また古くは、首狩りによって命をおとすこともあった。夫を亡くした女は通常、夫の兄弟に再嫁するのが暗黙のルールである【☞恋愛・結婚事情】。しかし、いつも適当な相手がいるわけはなく、生計を立てるために他家へ再嫁することも少なくない。母親が他家に嫁ぐ際、子供とは縁を切らなければならない。子供は、あくまで父方の氏族に属するからである。このような孤児は父方の氏族に引き取られ、扶養される。

また、父母がともに健在であっても、貸借の抵当として売買されるこ

ワ州連合軍（UWSA）の軍章つきの服。中国国内にてもよく見かける。POLICE とついている意味は不明。

とがある。このような子供は、「奴隷」というかたちで言及されることもある【Winnington 1959:137-139、《佤族简志》编写组 1985:53-56、云南省编辑委员会编 1983a:93、1983b:12-13、鳥越ほか 1998:44-50】。売られた子供は元々の家と縁が切れ、新家庭の一族の末席に加わる。子供のうちは下働きのような存在に位置づけられるが、いわゆる「奴隷」のように、一生不自由な身のまま拘束されるわけではない。成人すれば一族の一員として家庭をもつことも、他家へ嫁ぐことも許される。売買の対象としては特に女子が好まれた。それは女性が貴重な働き手であり、また他家からの結納をもたらしうる存在であるためであろう。

このような、ワ族の社会システムの中で完結する売買とは別に、今日的な人身売買についても触れておかねばならない。雲南省は人身売買の問題が深刻であり、特に戸籍体制の不十分な少数民族地区に、暗い影を落としている。人身売買には、外部との調整をおこなう村の人間がいると噂され、子供は誘拐同然に連れ出される。ついでながら、売られるのは子供だけではない。他地域への就労などといった甘言で、若い女性を出奔させることも横行している。私の調査先でも、嫁ぎ先での折り合いが悪かった若い母親が、蒸発したという事件があった。人身売買は、辺境における大きな社会問題となっている。

農具。左から小刀、除草用の農具、斧。

ことわざ

挨拶や日常の会話は、慣れればそれなりにできるものである。しかし、古老を相手に調査をしていると、あっという間に会話が立ち行かなくなる。よどみのない会話を成り立たせるためには、ことわざや古い言い回しといったイディオム的な表現の知識が欠かせないと、つくづく感じさせられる。

ワ族のイディオム的表現の多くには、対句や押韻といった口述ならではの技法が散りばめられている。このようなイディオム表現に関しては、王編（1992）という一冊がある。これは、4000余りにも及ぶワ族のイディオム表現を集め、解釈をおこなった労作というべきものである。ワの社会や精神性を知るために、その一部を紹介してみよう。

- 「村がよいのは男のおかげ、家がよいのは女のおかげ。」
  （mhɔm yauŋ mai si.me̱ʔ, mhɔm ɲɛʔ mai bun）
  ▷ 村を守るのは男、家を守るのは女という認識を表わしている。

- 「婦女は茶を飲まない、坊主は妻を娶らない。」
  （ʔaŋ bun saʔ rhɯp chaʔ, ʔaŋ saʔ saʔ koi si.mo̱ɲ）

穴をあける際に用いるノミ

▷ かつて茶は貴重なものであり、村を預かる成年男子のみが飲むものであった。それは、坊主が妻を娶ることができないのと同じくらい当然のことであった。

● 「父親がなくなれば家を失う、母親がなくなれば畑を失う。」
(yum kɯɲ grai ɲɛʔ, yum mɛʔ grai ma)
▷ 夫を亡くした妻は、父の兄弟、あるいは他家へ再嫁することになる【☞恋愛・結婚事情、孤児】。母親が亡くなることは、農作業の大きな担い手を失うことと等価である。

● 「子供は老人のそばを離れない、老人は火のそばを離れない。」
(kɔnɲɔm blɔm kuat, taʔkuat blɔm ŋu)
▷ 小さい子供は、家でも外でも老人にまとわりつくものである。一方、老人はいつも炉端で火にあたっている。

● 「コオロギが姉妹を探す、イナゴが兄弟を探す。」
(si.grit kɔn sɔk pauʔʔo, si.do kɔn sɔk pauʔʔac)
▷ コオロギやイナゴが跳ねまわるのは、兄弟姉妹を探してのことである。昆虫でさえ兄弟姉妹を知っているのだから、人間に肉親の情がないわけはない、という戒めである。

穂刈り用の鎌。左が古いもの。

- 「竹の弓でトラを射る、寡婦が青年に嫁ぐ。」
  (ʔakʔoʔ pon si.vai, mɛʔmai pon si.nɔ)
  ▷極めて運がよいということを表わす。

- 「漁網に魚がかからない、求婚は受け入れられない。」
  (rup kaʔ ʔaŋ saʔ pon, mhaɲ bun ʔaŋ saʔ cu)
  ▷魚にも女性にも相手にされない、つまり、ついていないということを表わす。

- 「糞さえ犬に与えない。」
  (si.vian tɔm mɛ soʔ ʔaŋ ʔih ʔaɲ tiʔ)
  ▷ケチの極みであるという皮肉。ワ族の村には、トイレ設備がない。森へ行って用を足すと、犬や豚がそれを食べにくる。

- 「一壺の酒は一頭のコブ牛に勝る。」
  (plai tiʔ ŋɔi kɔn peʔ mɔi tiʔ mu)
  ▷他人を招待する際、酒の方が効率がよいということを表わす。コブ牛は足りなければまた殺さなければならないが、ワ族の酒（プライ・ヌム）は、水を足すだけで何度でも飲むことができる【☞食】。

牛に引かせる犂

- 「鶏の小便、トカゲのよだれ」

  (rɔmnɯm ʔia, rɔmmia goi)

  ▷ 酒の味がひどいことを指すために用いられる。

- 「タイ族といれば身が軽くなる。ワ族といれば首が痒くなる。」

  (grɔm siam kaɯʔ gɛʔ, grɔm si.vɛʔ ŋɛʔ ŋɔk)

  ▷ タイ族といると物がなくなりいいことはない、ワ族（西盟地域の）と一緒にいると、首に刃をあてられる気がしてならない、という意。これは滄源地域のワ族の言い回しである。滄源ワ族は、タイ族に搾取される存在であった。一方、西盟地域のワ族に対しては、首狩りをする野蛮な集団という認識をもっている【☞概説：ワの人びと】。

- 「漢族は指が大きい、ラフ族は耳が大きい。」

  (hɔʔ tiɲ gian, mian vɛh yhauk)

  ▷ 漢族は器用でいろいろな技術をもっている、ラフ族は各地を回っているため情報が早い、というワ族の認識である。

新年の集い（滄源県岩師村）

信仰崇拝

アワ山においては村落あるいは地域ごとに、異なる信仰状況がみられる。ここでは、在来の信仰、新伝の信仰（上座部仏教、大乗仏教、キリスト教）に分けて、それぞれの概要を述べる。

■ 在来の信仰

モイック［佤：moc］とは万物創造の主であり、ワ族のもっとも崇拝する存在である。モイックは村の上方（山側）にある神木に祭られており、播種や収穫はもちろんのこと、村の大事があるごとに祭祀がおこなわれる。また山や水、風、火を始め、石や草に至るモイックの創造物の一つ一つに、すべて精霊が宿ると考えられている。中国語で「鬼」と一言で括られてしまうこれらの精霊には、それぞれ別個の名前がつけられている。

ワ族は、モイックをはじめとする、これら万物の精霊に対して畏敬の念を抱き、またその力を借りることで、豊穣と除災を祈願してきた。近代化の波に洗われて多少の変質があるものの、このような汎神論的な信仰崇拝の形態は、依然としてワ族の精神文化の根底に横たわっている。

大乗仏教の廟

■ 新伝の信仰

滄源県西部の班洪村、班老村を中心に、タイ族と同じ上座部仏教を信仰するようになった集落がいくつかある。上座部仏教の伝来について、例えば、班洪村においては1900年前後に、ミャンマーのバモーから伝わったと報告されている【《民族问题五种丛书》云南省编辑委员会编 1983c:17】。上座部仏教を受容した村々には、ビルマ式の仏教寺院が建てられ、人びとの日常活動の一部となっている。村では通常、一定年齢になった少年を、坊主としてお寺に入れる習慣がある。少年は成人して還俗するまでの間、タイ系言語や文字によって経文を学ぶ。今日､村の男たちがタイ系の言語·文字に熟達しているのは、このような事情を反映している。

一方、滄源県東部においては、20世紀の前半からの半世紀ほど、大乗仏教が広まりをみせた。これは19世紀半ば以降、雲南省西部に位置する鶏足山（中国仏教における聖山の一つ）の僧侶によって、おこなわれた布教活動の一環である。大乗仏教を受容した村々では、春節（旧正月）や中秋節など漢族的な祭日も移入されている【李 2001:197】。

滄源県と瀾滄県の一部において、20世紀初頭の布教を機に、キリスト教に改宗した村落が散在する。これらの村落には教会が建てられ、日曜日に礼拝をおこなう。礼拝に際し、ワ語をローマ字によって転写した聖書や賛美歌集が用いられている【☞ことばと文字】。

ワ族の上座仏教徒

これら新しい宗教は、何の前触れもなく突然に受容されたとは考えにくい。物質やそれにともなう技術など、新しい文化要素の受容が契機となった可能性がある。また、モイックの崇拝など従来の汎神論的な信仰崇拝が垣間みえることもあり、いくつかの信仰崇拝が重層的に存在する姿がうかがえる。

なお、文革期までの政治的混乱によって、すべての信仰は大きな影響を被った。多くの宗教的な施設・文物は破壊され、宗教活動自体も停滞を余儀なくされた。今日、上座部仏教を受容した集落においては、寺院などの自発的な再建がすすんでおり、その受容の深さをうかがわせる。キリスト教については、外部（香港など）からの資金援助によって、運営や施設の維持が図られている場合もある。

教会の内部

教会での祈りの風景

諸葛亮の塑像（雲南省保山市の保山武侯祠）

諸葛孔明の伝説

明代に完成した通俗歴史小説『三国志演義』に、蜀の宰相であった諸葛孔明が雲南地方へ遠征（南征）した際、「南蛮」と称される西南地方の異民族が人頭祭りをする風習をみて、代替物として饅頭を提案したというくだりがある。私は「人頭祭り」などと聞くとすぐにワ族を連想してしまうのであるが、これがワ族の首狩りの風習【☞首狩り】を指していたかどうかは定かでない。また、三国志演義自体がフィクションであるため、この逸話の信ぴょう性も高いものではない。当時の漢族の、異民族に対する認識の程度と考えてよさそうである。

今日、漢族の入植の多いアワ山の北部（永徳－鎮康地域）の村々で調査をおこなっていると、諸葛孔明にまつわる伝説をしばしば耳にすることがある。そこで語られる諸葛孔明とは征服者のそれではなく、農耕や建築などの技術を伝え、衣類や農具などの物質文化をもたらしてくれた英雄そのものである。中には、諸葛孔明に諭されて我々は首狩りをやめたのであると、上記の演義に通じるような感慨を語る老人もいた。アワ山の現ミャンマー領内に、ロイムーと呼ばれるひときわ高い山がある。この山こそ、ワ族が人類の出たスガンがあるとみなす神聖なる場所である【☞スガンリ】。しかし、諸葛孔明に親近感をもつ人びとは、この大切な山さえも「孔

民国初年に出版された『古滇土人図志』に描かれたワ族の男性

明山」［佤：kuŋmiŋsaŋ］と呼ぶことがある。これはさすがに少しやりすぎの感がないでもない。面白いことに、これよりアワ山を南下すると、諸葛孔明の評価が一変する。滄源県や西盟県など、漢族の入植が遅れた地域においては、諸葛孔明こそが、農耕儀礼としての首狩りを勧めた張本人であるとの言い伝えが残る。そして、これらの人びとは、「孔明山」などと呼ぶことはもちろんない。

諸葛孔明の遠征は、雲南省西部からミャンマー北部の広範囲に及んでおり、それにまつわる逸話は漢族、タイ族やジンポー族など、当地に暮らす諸民族に広く共有されている【川野 2005:108, 204、尚编 1990:270】。この状況は、諸民族が諸葛孔明の遠征軍と直接的に接触したというよりも、むしろその南征を機に、漢族との接触が増大したという歴史を物語っているといえよう。

「月光舞会」の会場

アワ山の今

私が初めて滄源県を訪れた90年代後半、盆地部の町でさえ舗装路は一本きりであった。公衆電話もなく、活字も得ることができない。朝にタイ族の麺屋台が出るほかは、食事をするところもほとんどない。日暮れと同時に、町は閑散としてしまい、週に一度開かれる「月光舞会」が唯一といってよい娯楽であった。私は毎晩、招待所の屋上に上り、短波ラジオを片手に遠くの山焼きの火を眺めていた。そんなのんびりした雰囲気を、今でもはっきりと覚えている。

あれから10年。町は年を追うごとに、大きく変貌している。中国式のファストフード店［漢：快餐店］が進出し、小型のスーパーも営業を始めた。一昨年、会員制のインターネットカフェがオープンし、連日連夜ゲームに没頭する若者で大盛況の状況である。街角には携帯電話の広告がネオンに照らし出され、夜でも街灯が消えることはない。その姿は、今日、中国のどこにでもある漢族の町そのものである。

中国国内におけるワ族の2大集居地である滄源、西盟の両県は、1960年代の自治県の成立からおよそ半世紀が経過し、名実ともに中国への帰属が明確になっている。様々な面で「中国化」がすすむが、とりわけ経済面においてそれが顕著である。今日では、国境の向こうであるはずのミャン

開発途中の大通り（滄源県）

山地民に対する平地への移住政策（「易地扶貧」）を示す標識

マーのワ族居住地域でさえも、大量の中国製品が流通し、人民元が使用通貨となっていると聞く。

中国化の進行は、皮肉にも、ワ族自身の商業的価値を高めてしまった。今日、「密探金三角（ゴールデン・トライアングルへの探検）」や「原始生態游（原始生態への旅）」などといった冒険心をくすぐるようなスローガンで、観光客を呼び込む動きが活発になっている。また、何の縁もゆかりもない土地に、民族風情園や原始生態村といったテーマパークが建設され、祭祀など変動性のある季節的な行事も定日化されるようになっている。それにともない、内地からの観光客を見込んで、町の規模にそぐわない数のホテル建設がすすめられている。このような少数民族の観光資源化の流れは、今後とも雲南省各地で続いていくものと思われる。

参照文献

■ 邦文

秋道智彌

（2000）「鶏占いと儀礼の世界」秋篠宮文仁編『鶏と人』pp.139-166、小学館

綾部恒雄 監修

（2000）『世界民族事典』弘文堂

尹紹亭

（2000a）『雲南の焼畑：人類生態学的研究』（白坂蕃訳）農林統計協会

片岡樹 編訳

（2008）『ラフ族の昔話―ビルマ山地少数民族の神話・伝説―』雄山閣

兼重努

（2008）「ケシ／アヘンから描く地域生態史：中国・雲南省紅河県の事例研究」クリスチャン・ダニエルス編『地域の生態史』pp.81-100、弘文堂

川野明正

（2005）『中国の＜憑きもの＞―華南地方の蠱毒と呪術的伝承』風響社

新谷忠彦

（2008）『タイ族が語る歴史「センウィー王統記」「ウンポン・スィーポ王統記」』雄山閣

園江満

（2006）『ラオス北部の環境と農耕技術―タイ文化圏における稲作の生態』東京外国語大学アジア・アフリカ文化研究所

ダニエルス・クリスチャン

（1998）「タイ系民族の王国形成と物質文化―十三～十六世紀を中心にして―」新谷忠彦編『黄金の四角地帯―シャン文化圏の

歴史・言語・民族―』pp.152-217、慶友社
（2007）「中国の盃事と乾杯」神崎宣武編『乾杯の文化史』pp.181-211、ドメス出版
田畑久夫、金丸良子、新免康、松岡正子、索文清、C.ダニエルス
（2001）『中国少数民族事典』東京堂出版
覃光広 編
（1993）『中国少数民族の信仰と習俗　下巻』第一書房
デーヴィス、H. R.
（1989）『雲南―インドと揚子江流域の環―』（田畑久夫、金丸良子編訳）古今書院
鳥越憲三郎
（1995）『稲作儀礼と首狩り』雄山閣
鳥越憲三郎、若林弘子
（1998）『弥生文化の源流考』大修館書店
松原正毅、NIRA 編
（2002）『世界民族問題事典』平凡社
桃木至朗、小川英文、クリスチャン・ダニエルス、深見純生、福岡まどか、見市健、柳澤雅之、吉村真子、渡辺佳成 編
（2008）『［新版］東南アジアを知る事典』平凡社
山田敦士
（2007a）「私のフィールドノートから　パラウク・ワ語」『言語』11、pp.82-87、大修館書店
（2007b）「パラウク・ワ語」中山俊秀・山越康裕編『文法を描く：フィールドワークに基づく諸言語の文法スケッチ』pp.259-284、東京外国語大学アジア・アフリカ言語文化研究所

■ 中文

国家统计局人口和社会科技统计局编

（2003）『二〇〇〇年人口普查中国民族人口资料』民族出版社
韩军学
（2007）『佤族村寨与佤族传统文化』四川大学出版社
黄光学、施联朱 编
（2005）『民族识别—56 个民族的来历』民族出版社
李洁
（2001）『临沧地区佤族百年社会变迁』云南教育出版社
罗之基
（1995）『佤族社会历史与文化』中央民族大学出版社
尚仲豪 编
（1990）『佤族民间故事集成』云南民族出版社
王敬骝 编
（1992）『佤语熟语汇释』云南民族出版社
《佤族简志》编写组
（1985）『佤族简史』云南教育出版社
尹绍亭
（2000b）『人与森林—生态人类学视野中的刀耕火种』云南教育出版社
《民族问题五种丛书》云南省编辑委员会 编
（1983a）『佤族社会历史调查（一）』云南人民出版社
（1983b）『佤族社会历史调查（二）』云南人民出版社
（1983c）『佤族社会历史调查（三）』云南人民出版社
（1987）『佤族社会历史调查（四）』云南人民出版社
云南省沧源佤族自治县地方志编纂委员会 编
（1998）『沧源佤族自治县志』云南民族出版社
赵岩社
（2000）『佤族生活方式』云南民族出版社
中国社会科学院民族研究所、国家民族事务委员会文化宣传司
（1994）『中国少数民族语言使用情况』中国藏学出版社

周植志、颜其香、陈国庆
（2004）『佤语方言研究』民族出版社

■ 英文・ワ文

Chen, WeiDong and Wang, YouMing［陈卫东、王有明］
（1993）*NBEEN OUD MGRONG GOUI GON BA RAOG* (佤族风情), 云南民族出版社

Diffloth, Gérard
（1980）*The Wa Languages*, Linguistics of the Tibeto-Burman Area Vol.5, No.2

Embree, John and William L. Thomas Jr.,
（1950）*Ethnic Groups of Northern Southeast Asia*, Yale University Southeast Asia Program

Enriquez, Major C.M.
（1933）*Races of Burma*, Delhi: Manager of Publications

Harvey, Godfrey E.
（1957）“The Wa people of the Burma-China Border”*St. Antony's Papers*, Oxford University, St. Antony's college, No.2, London Chatto and Windus, pp.126-135

LeBar, Frank M., et al. (ed.)
（1964）*Ethnic Groups of Mainland Southeast Asia*, New Haven：Human Relations Area Files Press

Li, ZhengXin［李正新］(ed.)
（1990）*NBEEN SI MGANG LIH PUG RA*, 云南民族出版社

Moseley, Christopher and R.E. Asher
（1994）*Atlas of the world's languages*, London : Routledge

NyiGa［魏德明］
（1988）*SI NGIAN RANG MAI SI MGANG LIH*, 云南民族出版社

Obayashi, Taryo

（1966）“Anthropogonic Myths of the Wa in Northern Indo-China” *Hitotsubashi Journal of Social Studies,* Vol.3 No.1, pp.43-66

Pitchford, V. C.

（1937）“The Wild Wa States and Lake Nawngkhio”,*The Geographical Journal 90*, pp.223-232

Sai Kham Mong

（1996）“The Wa State (1945-60): Problems of Emergence into the Modern World”*Journal of Asian and African Studies* 51, pp.209-264

Schliesinger, Joachim

（2000）*Ethnic Groups of Thailand: Non-Tai-Speaking Peoples*, White Lotus

（2003）*Ethnic Groups of Laos Vol.2: Profile of Austro-Asiatic-Speaking Peoples*, White Lotus

Scott, James George

（1896）“The Wild Wa: A Headhunting Race” *Asiatic Quarterly Review* 3d ser., 1, pp.138-158

Scott, James George and J.P. Hardiman

（1900）*Gazetteer of Upper Burma and the Shan States,* Part 1, Vol. 1, Rangoon: Superintendent of Government Printing and Stationery

Technical Service Club

（2004）*The hill tribes of Thailand,* Fifth Edition. Chiangmai: Tribal Museum

Winnington, Alan

（1959）*The Slaves of the Cool Mountains,* London: Lawrence and Wishart, London

Yamada, Atsushi

（2007）*Parauk Wa Folktales* — 佤族巴绕克的民间故事 , Research Institute For Languages and Cultures of Asia and Africa (ILCAA), Tokyo University of Foreign Studies

■ 漢文史料

顎爾泰ほか 修

（1736）『雲南通志』（乾隆元年刊）

阮元ほか 修

（1835）『雲南通志稿』（道光 15 年刊）

常璩 撰

（1987）『華陽国志校補図注』（任乃強 校注）上海古籍出版社刊

樊綽 撰

（1962）『蛮書校注』（向達 校注）中華書局刊、北京

朱孟震

（1592）『朱秉器文集』巻 14（『西南夷風土記』を所収）

不明

（1980）『百夷伝校注』（江応樑 校注）雲南人民出版社刊

あとがき

言語資料を集めるために山の村を訪問し、囲炉裏端で神話や昔話などの録音をさせてもらっていると、今度は日本人［佤：hɔʔrɔm（直訳：水漢族）］の昔話を聞かせてくれよ、とせがまれることがある。さあ困った。文字がないと落ち着かない私たち日本人にとって、何も見ずに語るというのは容易いことではない。「ももたろう」でも、「さるかに合戦」でも最初から最後まで語ることができるだろうか。「口頭伝承」などと口で言うのはたやすいが、実際には想像を超えた素晴らしい業であると認識させられる。言語を目で見ながら育った私たちは、記憶などさもあてにならないものと思いがちである。しかし、言語を耳で聞きながら育った人びとにとっては、文字と同等、あるいはそれ以上に頼りがいのある媒体なのかもしれない。

本書の物語を一読し、いかにも物語然としていると違和感を覚えた方がいるかもしれない。ここで正直に告白すると、本書に採録した物語は、冗長な繰り返しや言い間違い、さらには聴衆の笑いや相づちなどといった要素を切り捨て、「読み物」のかたちに編集されている。これは、音声表現を単純に文字表現に置き換えるだけでは、非常に読みづらい（あるいはまったく読めない）ものになると判断したためである。その点についてご斟酌いただければ幸いである。

ワ族に関する概説書をどうか、というお話をクリスチャン・ダニエルス先生（東京外国語大学）にいただいてから2年以上が経過してしまった。概説書というからには、専門の言語はともかく、歴史や生活文化にまで目の行き届くものにしなければならない。10年分のフィールドノートや日記をひっくり返し、記憶と調査写真の照合をおこないながら執筆をすすめた日々は、同時に自らの不勉強を嫌というほど痛感させられる毎日でもあった。それでも何とかかたちのあるものに仕上げることができたのは、多くの方々の御支援があったからである。ダニエルス先生と新谷忠彦先生（東京外国語大学）には、本書の構成から内容に至るまで、様々な御教示をいただいた。一人狭い視野に陥りがちだった著者を、「タイ文化圏」研究という豊穣な世界へ導いてくれたのも両先生である。片岡樹先生（京都大学）、加藤高志先生（名古屋大学）、西川和孝さん（中央大学）、野本敬さん（学習院大学）には、貴重な資料・情報を提供いただいた。長年の畏友でもある写真家の鈴木晋さんには、出版に合わせ、素晴らしい写真を寄せていただいた。また、本書の編集および版組みには、編集者の宮島了誠さんに全面的にお世話になった。ここに記してお礼を申し上げたい。

そして当然のことながら、私にワ語とその文化を知る機会を与えてくださったワ族の皆様にお礼を申し上げなければならない。お世話になった人が多すぎて、ここで一々御名前を挙げられないものの、いつの日か原語に翻訳したものを手に、お礼に伺いたいと考えている。

10年間の現地通いを振り返ると、フィールドワークは一にも二にも体力であると改めて思わされる。これまでそしてこれからもフィールドワークを続けていけるのは、丈夫な身体に産み育ててくれた父母のおかげにほかならない。末筆ながら、この場を借りて心からの感謝を伝えたい。

平成21年1月20日

著者

山田　敦士（やまだ　あつし）
1976年長野県松本市生まれ。
北海道大学大学院修了。雲南民族大学研究員（平成15年度「次世代リーダーフェローシップ」、国際交流基金）などを経て、現在、日本学術振興会特別研究員。
博士（文学・北海道大学）。

専門分野
民族言語学、記述言語学

著書・論文
Parauk Wa Folktales—佤族巴绕克的民间故事（Research Institute for Languages and Cultures of Asia and Africa, Tokyo University of Foreign Studies、2007年）、「孤立的言語における名詞と動詞の相通性－中国語とパラウク・ワ語の対照から—」(『アジア・アフリカの言語と言語学』3、東外大AA研、2008年)、『パラウク・ワ語記述文法』（博士論文、北海道大学、2008）、Tai Loi (Plang) concept of some domestic animals reflected in its terminology: in comprison with other Mon-Khmer languages（*The 2007 HCMR Congress in Bangkok*［HCMR日タイ国際会議論文集］、2007年）ほか

平成21年4月10日　発行

東京外国語大学
アジア・アフリカ言語文化研究所
叢書 知られざるアジアの言語文化Ⅲ

スガンリの記憶《きおく》
－中国雲南省《ちゅうごくうんなんしょう》・ワ族《ぞく》の口頭伝承《こうとうでんしょう》－

著者　山田　敦士
発行者　宮田 哲男
発行　雄山閣
〒102-0071
東京都千代田区富士見二―六―九
TEL03-3262-3231　FAX03-3262-6938
http://www.yuzankaku.co.jp
製本　協栄製本
印刷　研究社印刷

ISBN 978-4-639-02081-3　C3022